Dr. Oetker

das schmeckt mann

das männerkochbuch

WILHELM HEYNE VERLAG
MÜNCHEN

das schmeckt mann, das kocht mann.

Das Buch für viele Gelegenheiten: wenn mal ein Pausensnack gefragt ist, „Mann" sich selbst etwas Leckeres kochen will, die Kumpels zum Fußballgucken kommen, für einen lässigen Grillabend oder das Verwöhnprogramm für die Angebetete Zuhause.

Topf-Manager in allen Küchendisziplinen kommen mit diesem Männerkochbuch auf ihre Kosten: Von Suppen über Salate, Pasta, Steaks und Pfannengerichte bis zum Dessert.

Männer haben die Vorzüge des heimischen Herdes entdeckt, sie kochen und backen und wenn's der richtige Salat mit Steakstreifen ist, schmeckt auch der – und was Süßes geht immer noch.

jetzt ge

ZUTATEN FÜR 2 PERSONEN
300 g TK-Erbsen
1 kleine Zwiebel
1 Msp. Butter
etwa 400 ml Wasser
2 TL gekörnte Hühner-
oder Gemüsebrühe
2 EL saure Sahne
1 Spritzer Zitronensaft
Salz
frisch gemahlener Pfeffer
etwas Zucker oder Honig
2 TL frisch geriebener
Parmesan-Käse
1 TL frisch gehackte Petersilie

ZUBEREITUNGSZEIT:
15 Minuten

GARZEIT:
etwa 5 Minuten

PRO PORTION:
E: 14 g, F: 7 g, Kh: 22 g,
kJ: 879, kcal: 210, BE: 1,5

schnelle erbsensuppe
mann kocht sein eigenes süppchen

TK-Erbsen aus dem Gefrierschrank nehmen und in der Schachtel antauen lassen. Zwiebel abziehen und in kleine Würfel schneiden. Butter in einem Topf zerlassen. Zwiebelwürfel darin andünsten. Wasser und gekörnte Brühe hinzugeben und aufkochen lassen. Dann die angetauten Erbsen hinzugeben, wieder zum Kochen bringen und zugedeckt etwa 5 Minuten bei mittlerer Hitze kochen lassen. 1 Teelöffel saure Sahne unterrühren und alles ordentlich pürieren. Die Suppe mit Zitronensaft, Salz, Pfeffer und Zucker oder Honig abschmecken. Die Erbsensuppe in Suppentassen oder -tellern anrichten (hat man beides nicht, kann man auch einen Kaffeepott nehmen), mit der restlichen sauren Sahne, Parmesan-Käse und Petersilie garnieren.

typische leib- und lieblingssuppe

Kartoffeln waschen, schälen, abspülen, abtropfen lassen und in hasel-
nussgroße Würfel schneiden. Porree putzen, die Stange längs halbieren,
gründlich waschen, abtropfen lassen und in möglichst kleine Scheiben
schneiden (dann lässt sich die Suppe später glatter pürieren). Dabei
die weißen und grünen Porreescheiben trennen. Kartoffelwürfel mit
der Brühe und den weißen Porreescheiben in einem Topf zum Kochen
bringen und zugedeckt etwa 25 Minuten kochen lassen. Crème fraîche
mit den grünen Porreescheiben hinzugeben und weitere etwa 10 Minuten garen. Anschließend die Suppe mit einem Pürierstab ordentlich
durchmöllern, bis eine feine, samtige und glatte Konsistenz entsteht.
Die Kartoffelsuppe mit Salz und Pfeffer abschmecken, in Suppentellern
anrichten und mit Schnittlauchröllchen garnieren.

Tipp: Um dem Gericht den letzten Schliff zu verleihen, gebuttertes
und gepfeffertes Vollkorn- oder Graubrot dazu servieren.

kartoffelsuppe

ZUTATEN FÜR 2 PERSONEN
4 mehligkochende Kartoffeln
1 Stange Porree (Lauch)
400 ml Hühner-
oder Gemüsebrühe
75 g Crème fraîche
Salz
frisch gemahlener Pfeffer
2 EL Schnittlauchröllchen

ZUBEREITUNGSZEIT:
10 Minuten

GARZEIT:
etwa 35 Minuten

PRO PORTION:
E: 7 g, F: 9 g, Kh: 28 g,
kJ: 932, kcal: 224, BE: 2,0

ZUTATEN FÜR 2 PERSONEN
500 g Kürbis, am besten
Butternut- oder Hokkaido-Kürbis
1 kleine Zwiebel
1 EL Olivenöl
2 Lorbeerblätter
1 EL Zucker
250 ml (¼ l) Geflügel-
oder Gemüsebrühe
1 haselnussgroßes Stück Ingwer
1–2 EL Mango Chutney
oder Aprikosenkonfitüre
1 Msp. gemahlener Zimt
1 Msp. Muskatnuss
Salz
frisch gemahlener Pfeffer
1 Prise Zucker

75 G SCHLAGSAHNE
einige gesalzene Erdnusskerne
oder Cashewkerne

ZUBEREITUNGSZEIT:
20 Minuten

GARZEIT:
etwa 20 Minuten

PRO PORTION:
E: 7 g, F: 22 g, Kh: 26 g,
kJ: 1400, kcal: 335, BE: 2,0

butternut soup
da könnt ich mich reinsetzen

Kürbis schälen, halbieren und die Kerne mit einem
Löffel herauskratzen. Kürbisfleisch mithilfe von einem
schweren Gerät, wie Beil oder Sägemesser, in walnussgroße Stücke schneiden. Die Zwiebel abziehen und
in kleine Würfel schneiden. Olivenöl in einem Topf
erhitzen. Zwiebel- und Kürbiswürfel darin unter Rühren
andünsten. Lorbeerblätter und Zucker hinzugeben.
Zucker karamellisieren lassen. Brühe hinzugießen.
Ingwer schälen, sehr klein schneiden, zusammen mit
dem Chutney oder der Konfitüre in die Suppe geben.
Die Suppe zugedeckt etwa 20 Minuten bei mittlerer
Hitze kochen lassen, bis die Kürbiswürfel weich sind.
Lorbeerblätter aus der Suppe nehmen. Die Suppe schön
glatt pürieren. Mit Zimt, Muskat, Salz, Pfeffer und einer
Prise Zucker abschmecken. Sahne cremig aufschlagen.
Die pürierte Suppe mit jeweils einem Klecks der leicht
geschlagenen Sahne anrichten. Mit Erdnusskernen oder
Cashewkernen bestreut servieren.

ZUTATEN FÜR 4 PERSONEN
2 Dosen geschälte Tomaten
(Abtropfgewicht je 240 g)
2 walnussgroße Stücke Ingwer
2 EL Speiseöl
2 gestr. TL rote Currypaste
800 ml Kokosmilch
2 TL gekörnte Gemüse-
oder Geflügelbrühe
½ TL Cumin (Kreuzkümmel)
Schale und Saft von 1 Bio-Limette
(unbehandelt, ungewachst)
1 Msp. Chilipulver
1 Prise Zucker
150 g Crème légère
1 Handvoll frisch gehackte
Korianderblättchen

ZUBEREITUNGSZEIT:
20 Minuten

GARZEIT:
8–10 Minuten

PRO PORTION:
E: 6 g, F: 45 g, Kh: 10 g,
kJ: 1979, kcal: 479, BE: 0,5

tomatenkokossuppe
für das karibikfeeling

Tomaten in ein Sieb geben und gut abtropfen lassen.
Ingwer schälen und mit einer Haushaltsreibe fein reiben.
Speiseöl in einem Topf erhitzen. Ingwer und die Currypaste darin kurz unter Rühren andünsten. Abgetropfte
Tomaten, Kokosmilch, gekörnte Brühe und Cumin
hinzugeben. Die Zutaten unter Rühren aufkochen lassen.
Den Topf von der Kochstelle nehmen. Die Tomaten-
Kokos-Masse pürieren und nochmals 8–10 Minuten
unter gelegentlichem Rühren bei schwacher Hitze
köcheln lassen. Limette heiß abwaschen, abtrocknen
und die Schale abreiben. Limette halbieren und den
Saft auspressen. Die Suppe mit Chili, Limettenschale,
-saft und einer Prise Zucker abschmecken. Die Suppe in
4 Suppentellern verteilen. Mit je einem Teelöffel Crème
légère und etwas gehacktem Koriander anrichten.

Beilage: Frisches Fladenbrot.

erbseneintopf

kleine kraftprotze mit hülle

ZUTATEN FÜR 2 PERSONEN
200 g getrocknete,
geschälte, grüne Erbsen
1 EL gerebelter Majoran
400 g Kartoffeln
1 Bund Suppengrün (Möhre,
Knollensellerie, Porree)
100 g durchwachsener Speck
1 EL Speiseöl,
z. B. Sonnenblumenöl
Salz, Pfeffer
4 Bockwürstchen

ZUBEREITUNGSZEIT:
30 Minuten,
ohne Einweichzeit

GARZEIT:
etwa 70 Minuten

PRO PORTION:
E: 53 g, F: 48 g, Kh: 73 g,
kJ: 3964, kcal: 947, BE: 5,5

Die Erbsen in kaltem Wasser über Nacht einweichen (das Einweichen spart Zeit beim Kochen). Die Erbsen mit dem Einweichwasser und Majoran in einem Topf zum Kochen bringen und zugedeckt etwa 50 Minuten bei mittlerer Hitze garen. Kartoffeln waschen, schälen, abspülen, abtropfen lassen und in 1 cm große Würfel schneiden. Möhre und Sellerie putzen, schälen, abspülen, abtropfen lassen und in 1 cm große Würfel schneiden. Porree putzen, die Stange längs halbieren, gründlich waschen, abtropfen lassen und in kleine Stücke schneiden. Speck in kleine Würfel schneiden. Speiseöl in einer Pfanne erhitzen. Speckwürfel darin glasig anbraten. Vorbereitetes Suppengrün hinzugeben und 3–4 Minuten unter Rühren mit andünsten. Die Speck-Gemüse-Masse mit den Kartoffelwürfeln zu den Erbsen in den Topf geben, wieder zum Kochen bringen und zugedeckt weitere etwa 20 Minuten bei mittlerer Hitze kochen lassen. Mit Salz und Pfeffer abschmecken. Die Würstchen in den Eintopf geben und miterhitzen.

Tipps: Statt im Einweichwasser kann man die Erbsen auch in Gemüse-brühe garen. Vergesst den Senf für die Würstchen nicht!

bohnensuppe

vorbereitung auf eine lange nacht

ZUTATEN FÜR 2–4 PERSONEN
1 Zwiebel
1–2 TL Speiseöl, z. B. Sonnenblumenöl
250 g Gehacktes
100 g gewürfelter, durchwachsener
Speck oder Bacon
2 geh. EL Tomatenmark
1 geh. TL Paprikapulver edelsüß
500 ml (½ l) Hühner- oder Gemüsebrühe
1 große Dose weiße Bohnen mit
Suppengrün (Abtropfgewicht 530 g)
Salz, frisch gemahlener Pfeffer
etwa 2 Zweige Petersilie
1 frische Chilischote
2–3 EL rote Paprikawürfel

ZUBEREITUNGSZEIT:
20 Minuten

GARZEIT:
etwa 25 Minuten

PRO PORTION:
E: 37 g, F: 17 g, Kh: 27 g,
kJ: 1730, kcal: 414, BE: 2,0

Zwiebel abziehen und in kleine Würfel schneiden. Speiseöl in einer Pfanne erhitzen. Gehacktes darin unter Rühren scharf anbraten. Dabei die Fleischklümpchen mit einer Gabel zerdrücken. Zwiebel- und Speckwürfel hinzugeben, kurz mitdünsten lassen. Tomatenmark und Paprika hinzufügen und ebenfalls kurz mit andünsten. Brühe hinzugießen, zum Kochen bringen und etwa 10 Minuten bei mittlerer Hitze kochen lassen. Weiße Bohnen in einem Sieb gut abtropfen lassen, zur Suppe in den Topf geben, wieder zum Kochen bringen und weitere etwa 15 Minuten köcheln lassen. Die Suppe mit Salz und Pfeffer abschmecken. Petersilie abspülen und trocken schütteln. Die Blätter von den Stielen zupfen. Blätter grob zerschneiden. Chilischote halbieren, entstielen, entkernen, abspülen und trocken tupfen. Chilihälften sehr klein schneiden. Die Suppe in Suppen-tassen anrichten. Mit Petersilie, Chili und Paprika-würfeln garnieren.

ZUTATEN FÜR 2 PERSONEN

2 große Metzgerzwiebeln
(Gemüsezwiebeln) oder
4 kleine Zwiebeln
30 g Bacon (Frühstücksspeck)
50 g Butter
Salz
1 EL Port- oder Weißwein
1 EL Balsamico-Essig
600 ml Hühner- oder Gemüsebrühe
1 Lorbeerblatt
1 ganz kleines Bund Suppengrün
(Möhre, Knollensellerie, Porree)
1 Zweig Thymian

4 Scheiben Baguette oder
2 Scheiben Toastbrot
etwa 90 g frisch geriebener
Gruyère-Käse oder ein anderer
würziger Käse, der gut schmilzt
frisch gemahlener Pfeffer
2 TL frisch gehackte Petersilie

ZUBEREITUNGSZEIT:
25 Minuten

GARZEIT:
45–60 Minuten

PRO PORTION:
E: 20 g, F: 47 g, Kh: 31 g,
kJ: 2682, kcal: 641, BE: 1,0

zwiebelsuppe
hier kommt der brenner zum einsatz

Zwiebeln abziehen, zuerst in dünne Scheiben schneiden, dann in Ringe teilen.
Bacon in kleine Würfel schneiden. Butter in einem Topf zerlassen (nicht zu hastig,
sonst könnte sie verbrennen), bis sie braun ist. Zwiebelringe darin unter Rühren
anbraten, bis sie weich und braun sind. Das kann schon 10–15 Minuten in Anspruch
nehmen. Mit einer Prise Salz würzen. Speckwürfel hinzugeben und kurz mit anbraten.
Dann mit Wein und Essig ablöschen. Darauf achten, dass sich die Röststoffe (das ist
das Braune/Angesetzte am Boden des Topfes, sollte aber nicht schwarz sein, sonst
wird die Suppe bitter) vom Boden lösen. Eventuell mit einem Holzschaber/-spachtel
loskratzen. Brühe und Lorbeerblatt hinzugeben. Suppengrün putzen, waschen, abtropfen lassen. Thymian abspülen, trocken schütteln. Suppengrün und den Thymianzweig mit Küchengarn zusammenbinden und ebenfalls in die Suppe geben. Die Suppe
zum Kochen bringen und 45–60 Minuten mit schräg aufliegendem Deckel köcheln
lassen. Den Backofen vorheizen.
Ober-/Unterhitze: etwa 220 °C, Heißluft: etwa 200 °C
In der Zwischenzeit die Käsecroûtons vorbereiten. Dafür die Baguette- oder Toastbrotscheiben mit dem geriebenem Käse „behäufeln" und kurz vor Ende der Zwiebel-
suppen-Kochzeit in den vorgeheizten Backofen schieben. Ist der Käseberg flach
geschmolzen, die Croûtons aus dem Backofen nehmen. Jetzt kommt der Schweiß-
brenner/Küchenbrenner zum Einsatz: Den geschmolzenen Käse so lange damit
bearbeiten, bis er Blasen schlägt, braun wird und an einigen Stellen sogar verbrennt.
Suppengrün mit dem Thymianzweig und Lorbeerblatt aus der Suppe entfernen.
Die Zwiebelsuppe nochmals mit Salz und Pfeffer abschmecken. Die Zwiebelsuppe
in Suppentassen oder -teller füllen. Jeweils einen gebrannten Croûton in der Suppe
schwimmen lassen. Mit gehackter Petersilie bestreuen, denn das Auge isst ja mit.

tomatenfenchelsuppe

aufgemotzt mit knobi und pernod

ZUTATEN FÜR 2–3 PERSONEN
1 Fenchelknolle, 1 kleine Zwiebel
2–3 Knoblauchzehen
1 kleine Kartoffel
2 EL Olivenöl
1 kleine Dose geschälte Tomaten
(Einwaage 220 g)
500 ml (½ l) Hühner-
oder Gemüsebrühe
Salz, Pfeffer, Zucker
2–4 cl Pernod (Anislikör)
1 Tomate
einige Basilikumblätter

ZUBEREITUNGSZEIT:
10 Minuten

GARZEIT:
etwa 80 Minuten

PRO PORTION:
E: 5 g, F: 9 g, Kh: 13 g,
kJ: 744, kcal: 178, BE: 0,5

Fenchelknolle putzen und den Strunk entfernen. Fenchelknolle waschen, abtropfen lassen, halbieren und in dünne Scheiben schneiden. Zwiebel und Knoblauch abziehen, beides in kleine Würfel schneiden. Kartoffel waschen, schälen, abspülen, abtropfen lassen und in erbsengroße Würfel schneiden. Olivenöl in einem Topf erhitzen. Fenchelscheiben, Zwiebel-, Knoblauch- und Kartoffelwürfel darin etwa 10 Minuten, ohne Farbe nehmen zu lassen, andünsten. Tomaten hinzugeben, zum Kochen bringen und etwa 10 Minuten bei schwacher Hitze kochen lassen. Brühe hinzugießen, umrühren, wieder zum Kochen bringen und zugedeckt etwa 1 Stunde kochen lassen. Die Suppe mit einem Pürierstab schön glatt möllern/glatt pürieren. Mit Salz, Pfeffer, einer Prise Zucker und Pernod abschmecken. Tomate waschen, abtrocknen, halbieren und den Stängelansatz herausschneiden. Tomatenhälften in Würfel schneiden. Basilikumblätter abspülen und trocken schütteln. Die Tomaten-Fenchel-Suppe mit den Tomatenwürfeln und Basilikumblättern anrichten.

fenchelzitronensuppe

dreamteam

ZUTATEN FÜR 4 PERSONEN
2 Fenchelknollen (etwa 400 g)
3 Möhren (etwa 200 g)
2 mehligkochende Kartoffeln
(etwa 250 g)
1 EL Olivenöl
750 ml (¾ l) Gemüsebrühe
2 Lorbeerblätter
1 TL Currypulver
1 Bio-Zitrone (unbehandelt,
ungewachst)
200 g frischer Lachs
Salz, 1 Msp. Piment
5 Stängel glatte Petersilie

ZUBEREITUNGSZEIT:
30 Minuten

GARZEIT:
etwa 20 Minuten

PRO PORTION:
E: 14 g, F: 6 g, Kh: 14 g,
kJ: 718, kcal: 172, BE: 0,5

Fenchelknollen wie zuvor beschrieben putzen, waschen. Fenchelgrün abspülen, trocken schütteln, beiseitelegen. Möhren putzen, schälen, abspülen, abtropfen lassen. Kartoffeln waschen, schälen, abspülen, abtropfen lassen. Die vorbereiteten Zutaten in gleich große Würfel schneiden. Olivenöl in einem Topf erhitzen. Gemüse- und Kartoffelwürfel darin unter Rühren andünsten. Gemüsebrühe, Lorbeerblätter und Curry hinzufügen. Die Suppe etwa 15 Minuten kochen lassen, dann Lorbeerblätter entfernen. In der Zwischenzeit Zitrone heiß abwaschen und abtrocknen. Von der Hälfte der Zitrone die Schale abreiben und beiseitelegen. Zitrone halbieren und den Saft auspressen. Lachs unter fließendem kalten Wasser abspülen, mit Küchenpapier trocken tupfen und in etwa 1 cm große Würfel schneiden. Lachswürfel mit Zitronensaft beträufeln. Mit Salz und Piment bestreuen. Die Suppe mithilfe eines Pürierstabs pürieren und nochmals aufkochen lassen. Lachswürfel in die Suppe geben und etwa 5 Minuten bei schwacher Hitze gar ziehen lassen. Suppe eventuell nochmals mit Salz, Curry und Piment abschmecken. Petersilie abspülen und trocken schütteln. Die Blätter von den Stielen zupfen. Petersilienblätter zusammen mit dem beiseitegelegten Fenchelgrün klein schneiden. Die Suppe mit der Zitronenschale und den Kräutern bestreut servieren.

ZUTATEN FÜR 6 PERSONEN

75 g durchwachsener Speck
1 EL Speiseöl, z. B. Olivenöl
2–3 Zwiebeln
1–2 Knoblauchzehen
500 g Rindergehacktes
1 Dose geschälte Tomaten
(Einwaage 800 g)
1 Dose Chilibohnen
(Einwaage 800 g)
2–3 EL Chilisauce
1 Lorbeerblatt
2 TL Chilipulver
Salz
1 Prise Zucker

ZUBEREITUNGSZEIT:
30 Minuten

GARZEIT:
etwa 20 Minuten

PRO PORTION:
E: 27 g, F: 18 g, Kh: 19 g,
kJ: 1460, kcal: 348, BE: 1,0

Speck in Würfel schneiden. Speiseöl in einem Topf erhitzen. Speckwürfel darin auslassen (anbraten). Zwiebeln und Knoblauch abziehen, ebenfalls klein würfeln und in dem Speckfett glasig dünsten lassen. Rindergehacktes hinzufügen und unter ständigem Rühren etwa 5 Minuten braten lassen. Dabei die Fleischklümpchen mit einer Gabel zerdrücken. Tomaten in der Dose grob zerkleinern, zusammen mit der entstandenen Flüssigkeit, den Chilibohnen (mit Flüssigkeit), der Chilisauce und dem Lorbeerblatt zum Gehackten geben. Mit Chilipulver, Salz und Zucker würzen, zum Kochen bringen. Die Zutaten zugedeckt etwa 15 Minuten garen, dabei gelegentlich umrühren. Das fertige Chili con Carne nochmals mit den Gewürzen feurig scharf abschmecken und das Lorbeerblatt entfernen.

Beilage: Knackiges Fladenbrot oder Tacos.

Tipps: Statt Rindergehacktem kann auch Schweinegehacktes verwendet werden. Es können auch einige eingelegte, klein geschnittene Peperoni untergerührt werden. Soll das Chili nicht ganz so scharf sein, kann die Chilisauce auch durch Tomatenmark ersetzt werden. Besonders gut schmeckt das Chili con Carne, wenn es am Vortag zubereitet und am nächsten Tag dann wieder heiß gemacht wird.

chili con carne
für echt scharfe kerle

bohnensalat
mit Steaksreifen

Von den Bohnen die Enden abschneiden. Bohnen eventuell abfädeln, waschen und abtropfen lassen. Salzwasser in einem Topf zum Kochen bringen. Die Bohnen hinzugeben und in etwa 8 Minuten bissfest garen. Die Bohnen in ein Sieb geben, mit eiskaltem Wasser abschrecken und abtropfen lassen. Zwiebeln abziehen, halbieren, in Spalten schneiden und auseinander blättern. Rucola putzen, waschen, abtropfen lassen und trocken schleudern. Tomaten waschen, trocken tupfen, halbieren und die Stängelansätze herausschneiden. Riesenbohnen in ein Sieb geben, eventuell mit kaltem Wasser abspülen und abtropfen lassen. Die Rückensteaks mit Küchenpapier trocken tupfen und in Streifen schneiden. Die Hälfte des Olivenöls in einer Pfanne erhitzen. Die Fleischstreifen darin von allen Seiten kurz und scharf anbraten, herausnehmen. Mit Salz und Pfeffer würzen. Grüne Bohnen oder Keniabohnen, Riesenbohnen, Tomatenhälften, Zwiebelspalten und Fleischstreifen in eine Schüssel geben. Essig mit Pfefferbeeren, Honig und Kräutern verrühren. Restliches Olivenöl unterschlagen. Die Marinade mit den Salatzutaten vermischen. Rucola auf einer runden Platte anrichten. Den Bohnensalat mit den Steakstreifen darauf anrichten.

Tipp: Mann kann die Salatzutaten auch mit den angebratenen Steakstreifen in der Pfanne vermischen.

ZUTATEN FÜR 2 PERSONEN
200 g grüne Buschbohnen
oder Keniabohnen
Salzwasser
2 kleine, rote Zwiebeln
200 g Rucola (Rauke)
250 g Roma-Cherrytomaten
oder Cocktailtomaten
1 kleine Dose weiße Riesenbohnen
(Abtropfgewicht 250 g)

2 Rinderrückensteaks
(Roastbeef, je etwa 200 g)
6–8 EL Olivenöl
Salz
frisch gemahlener Pfeffer
6 EL Sherryessig oder
weißer Balsamico-Essig
2 TL rosa Pfefferbeeren, getrocknet
etwas flüssiger Honig
1 kleine Handvoll frische Kräuter oder
25 g TK-Salatkräuter

ZUBEREITUNGSZEIT:
30 Minuten

PRO PORTION:
E: 58 g, F: 30 g, Kh: 42 g,
kJ: 2832, kcal: 674, BE: 3,0

wurstsalat

was kräftig-frisches vor dem stadionbesuch

ZUTATEN FÜR 4 PERSONEN
300 g Fleischwurst
oder 300 g Wiener Würstchen
4 Frühlingszwiebeln
je 1 gelbe und rote Paprikaschote
1 rote Chilischote

FÜR DAS SENFDRESSING:
2 TL gekörnte Hühner-
oder Gemüsebrühe
3–4 EL Rotweinessig
3–4 EL Speiseöl, z. B.
Sonnenblumenöl
2 EL scharfer Senf
Salz
frisch gemahlener Pfeffer
1 Prise Zucker
oder etwas Honig

einige gehackte Kräuter, z. B.
Petersilie, Schnittlauch, Kerbel

ZUBEREITUNGSZEIT:
20 Minuten

PRO PORTION:
E: 12 g, F: 29 g, Kh: 9 g,
kJ: 1445, kcal: 346, BE: 0,0

Fleischwurst oder Wiener Würstchen in Scheiben oder Würfel schneiden. Frühlingszwiebeln putzen, waschen, abtropfen lassen und in feine Scheiben schneiden. Paprikaschoten halbieren, entstielen, entkernen und die weißen Scheidewände entfernen. Schotenhälften waschen, abtropfen lassen und in grobe Würfel schneiden. Chilischote halbieren, entstielen, entkernen, abspülen, abtropfen lassen und in kleine Würfel schneiden. Die vorbereiteten Salatzutaten in einer Schüssel vermischen. Für das Dressing gekörnte Brühe mit Essig und Speiseöl in einem kleinen Topf aufkochen. Dressing etwas abkühlen lassen. Senf unterrühren, mit Salz, Pfeffer und Zucker oder Honig abschmecken. Das Dressing mit den gehackten Kräutern unter den Wurstsalat mischen und in einer Schale anrichten.

Beilage: Bauernbrot, Brötchen oder ofenfrisches Baguette.

Tipp: Den Wurstsalat auf gewaschenen und trocken getupften Eisbergsalat- oder Römersalatblättern anrichten.

ZUTATEN FÜR 4 PERSONEN
4 Tomaten
2 kleine Zucchini
250 g Mozzarella
Salz
frisch gemahlener Pfeffer
1 EL Tessiner Gewürzmischung
oder getrocknete, italienische Kräuter
4 EL Olivenöl
4 Pangasius- oder Seelachsfilets
(je etwa 130 g)
einige Stängel Basilikum

ZUBEREITUNGSZEIT:
55 Minuten

GARZEIT:
25–30 Minuten

PRO PORTION:
E: 38 g, F: 27 g, Kh: 4 g,
kJ: 1718, kcal: 412, BE: 0,0

fisch caprese
rot – weiß – grün

Tomaten waschen, trocken tupfen und die Stängelansätze herausschneiden. Tomaten in Scheiben schneiden. Zucchini waschen, abtrocknen und die Enden abschneiden. Zucchini in 1–2 cm dicke Scheiben schneiden. Mozzarella abtropfen lassen und in 12 Scheiben schneiden. Den Backofen vorheizen.
Ober-/Unterhitze: etwa 200 °C, Heißluft: etwa 180 °C
Die Hälfte der Tomaten-, Zucchini- und Mozzarellascheiben dachziegelartig in eine flache Auflaufform (gefettet) schichten. Mit Salz, Pfeffer und der Hälfte der Gewürzmischung oder der Kräuter bestreuen. 2 Esslöffel des Olivenöls daraufträufeln. Fischfilets unter fließendem kalten Wasser abspülen, mit Küchenpapier trocken tupfen. Mit Salz und Pfeffer bestreuen. Fischfilets auf die Gemüse-Mozzarella-Mischung legen. Die restlichen Tomaten-, Zucchini- und Mozzarellascheiben dachziegelartig darauflegen. Mit Salz, Pfeffer, der restlichen Gewürzmischung oder den Kräutern bestreuen und mit dem restlichen Olivenöl beträufeln. Die Form ohne Deckel auf dem Rost in den vorgeheizten Backofen schieben. Fisch Caprese 25–30 Minuten garen. Basilikum abspülen und trocken schütteln. Die Blätter von den Stielen zupfen. Blätter in Streifen schneiden. Fisch Caprese mit Basilikumstreifen bestreuen.

Beilage: Reis oder Stampfkartoffeln.

fisch in der hülle

was zum auspacken

ZUTATEN FÜR 4 PERSONEN
4 Zanderfilets oder Viktoriabarschfilets,
ohne Haut (je etwa 160 g)
1 Bund Suppengrün
(Möhre, Knollensellerie, Porree)
1 kleine Fenchelknolle
1 Zwiebel
1 Knoblauchzehe
je 1 Stängel Petersilie,
Basilikum und Dill
1 Bio-Zitrone
(unbehandelt, ungewachst)
Salz
frisch gemahlener Pfeffer
4 EL Butter

AUSSERDEM:
4 große Bögen Pergamentpapier
1,2 m Paketschnur

ZUBEREITUNGSZEIT:
40 Minuten

GARZEIT:
15–20 Minuten

PRO PORTION:
E: 33 g, F: 18 g, Kh: 7 g,
kJ: 1391, kcal: 333, BE: 0,0

Die Fischfilets unter fließendem kalten Wasser abspülen und mit Küchenpapier trocken tupfen. Möhre und Sellerie putzen, schälen, abspülen, abtropfen lassen und in dünne Streifen schneiden. Porree putzen, die Stange längs halbieren, gründlich waschen, abtropfen lassen und in dünne Scheiben schneiden. Von der Fenchelknolle die Stiele dicht oberhalb der Knolle abschneiden. Braune Stellen und Blätter entfernen, Fenchelgrün beiseitelegen. Fenchelknolle waschen, abtropfen lassen, halbieren und ebenfalls in dünne Scheiben schneiden. Den Backofen vorheizen.

Ober-/Unterhitze: etwa 220 °C, Heißluft: etwa 200 °C
Zwiebel und Knoblauch abziehen, grob würfeln. Kräuterstängel und beiseitegelegtes Fenchelgrün abspülen und trocken schütteln. Von den Kräutern die Blätter bzw. Spitzen von den Stielen zupfen. Zitrone heiß abwaschen, abtrocknen und vier möglichst gleich große Scheiben abschneiden. Von der restlichen Zitrone den Saft auspressen. Die Fischfilets mit dem Zitronensaft beträufeln, mit Salz und Pfeffer bestreuen. Paketschnur in 8 jeweils etwa 15 cm lange Stücke schneiden. Pergamentpapier-Bögen auf ein Backblech legen. Das vorbereitete Gemüse und die Kräuter zu gleichen Teilen auf die Mitte jedes Papierbogens geben. Je 1 Fischfilet, dann 1 Zitronenscheibe und zuletzt 1 Esslöffel Butter darauf verteilen. Die beiden langen Seiten des Papiers jeweils oben zueinander führen und wie eine Ziehharmonika bis auf die Butter runter zusammenfalten. Die Enden wie bei einem Bonbon drehen und mit der Paketschnur zubinden. Das Backblech in den vorgeheizten Backofen schieben. Die Fischpäckchen 15–20 Minuten garen. Das Backblech aus dem Backofen nehmen. Die Fischpäckchen etwa 5 Minuten ruhen lassen.

Beilage: Salzkartoffeln und ein grüner Salat.

pfefferlachs

für den herrenabend

ZUTATEN FÜR 3 PERSONEN
3 TK-Lachsfilets (500–600 g)

1 TL weiße Pfefferkörner
1 TL schwarze Pfefferkörner
50 g Butter
2 Stängel Petersilie
2 EL flüssiger Honig
5 EL Semmelbrösel
einige rote Pfefferkörner
Salz
1–2 EL Olivenöl
frisch gemahlener Pfeffer
1 Prise Zucker

ZUBEREITUNGSZEIT:
25 Minuten, ohne Auftauzeit

GARZEIT:
5–7 Minuten

PRO PORTION:
E: 36 g, F: 28 g, Kh: 25 g,
kJ: 2086, kcal: 499, BE: 2,0

Lachsfilets nach Packungsanleitung auftauen lassen. Pfefferkörner im Mörser zerstoßen und in einer Pfanne ohne Fett rösten, bis ein duftender Rauch aufsteigt. Pfefferkörner in eine Schüssel geben. Butter zerlassen. Petersilie abspülen und trocken schütteln. Die Blätter von den Stielen ziehen. Blätter klein schneiden. Butter, Honig, Semmelbrösel und Petersilie zu den zerstoßenen Pfefferkörnern in die Schüssel geben und gut vermischen. Rote Pfefferkörner unterrühren. Die Masse mit Salz abschmecken. Den Backofen vorheizen.
Ober-/Unterhitze: etwa 220 °C, Heißluft: etwa 200 °C
Die Lachsfilets unter fließendem kalten Wasser abspülen und mit Küchenpapier trocken tupfen. Olivenöl in einer großen Pfanne erhitzen. Lachsfilets darin von beiden Seiten kurz anbraten. Mit Salz, Pfeffer und 1 Prise Zucker würzen. Die Lachsfilets aus der Pfanne nehmen und mit der Hautseite nach oben auf ein Backblech (mit Backpapier oder Pergamentpapier belegt) legen. Die Pfefferbröselmasse auf den Lachsfilets verteilen und etwas andrücken. Das Backblech in den vorgeheizten Backofen schieben. Die Lachsfilets 5–7 Minuten garen.

Tipp: Mit gebratenen Porree- (Lauch) und Karottenstreifen (Julienne) servieren.

ZUTATEN FÜR 3 PERSONEN
1–2 kg Miesmuscheln,
je nach Ausdauer
2 Schalotten oder 1 kleine Zwiebel
50 g Butter
1 ganz kleine, getrocknete
Chilischote
300 ml Weißwein
Salz
frisch gemahlener Pfeffer
2 EL gut gehackte, frische Petersilie

ZUBEREITUNGSZEIT:
15 Minuten

GARZEIT:
etwa 10 Minuten

PRO PORTION:
E: 10 g, F: 15 g, Kh: 8 g,
kJ: 1129, kcal: 270, BE: 0,0

muscheln
auf seemannsart

Die Muscheln 2–3-mal ordentlich in reichlich kaltem Wasser waschen und eventuell abbürsten. Offene Muscheln aussortieren und wegschmeißen, sie sind ungenießbar. Schalotten oder Zwiebel abziehen, in kleine Würfel schneiden. Butter in einem großen Topf erhitzen. Schalotten- oder Zwiebelwürfel darin etwa 2 Minuten andünsten. Muscheln hinzugeben und kurz mit andünsten. Chilischote mit den Fingern zerbröseln und hinzugeben. Wein hinzugießen. Mit Salz und Pfeffer würzen. Den Topf mit dem Deckel verschließen. Die Muscheln maximal 10 Minuten kochen lassen, bis alle Muscheln sich geöffnet haben (Muscheln, die sich nach dem Garen nicht öffnen, wegschmeißen, sie sind ungenießbar). Den Topf (Deckel muss fest drauf sein) schütteln. Den Deckel abnehmen und Petersilie hinzugeben. Den Topf nochmals (mit Deckel) schütteln. Den ganzen leckeren Muschelkram in eine große Schüssel gießen und auf den Tisch stellen. Schon geht das Gepule los.

Tipp: Lecker Baguette dazu, denn es saugt den köstlichen Muschelsud gern auf!!!

angrillen,

ZUTATEN FÜR 8–10 PERSONEN

FÜR DIE LAMMKOTELETTS:
8–10 Lammkoteletts
3 Knoblauchzehen
Schale und Saft von ½ Bio-Zitrone
(unbehandelt, ungewachst)
½ TL frisch gehackter Rosmarin
oder gerebelter Rosmarin
4 EL Olivenöl

FÜR DIE HÄHNCHENFLÜGEL:
1 kg Hähnchenflügel
4 Knoblauchzehen
5 g Ingwerwurzel (etwa 1 cm lang)
4 EL Sojasauce
4 EL süße Ingwersauce
(erhältlich im Asialaden)
4 EL Weißweinessig
2 EL brauner Zucker
4 EL Sesamöl
1 Prise Cayennepfeffer
Salz, frisch gemahlener Pfeffer

FÜR DIE SCHWEINERIPPCHEN:
1 kg Schweinerippchen
125 ml (⅛ l) starker Kaffee
125 ml (⅛ l) Tomatenketchup
3 EL brauner Zucker
3 EL Balsamico-Essig
1 EL Worcestersauce
Schale von ½ Bio-Zitrone
(unbehandelt, ungewachst)
1 EL Zitronensaft
1 TL Paprikapulver edelsüß
Salz, frisch gemahlener Pfeffer

AUSSERDEM:
Alufolie

ZUBEREITUNGSZEIT:
50 Minuten, ohne Marinierzeit

die jungs werden begeistert sein

Von den Lammkoteletts eventuell das Fett abschneiden oder den Fettrand mehrmals einschneiden. Die Koteletts unter fließendem kalten Wasser abspülen und trocken tupfen. Knoblauch abziehen, in kleine Stücke schneiden, mit Zitronenschale, -saft und Rosmarin verrühren. Olivenöl unterschlagen. Die Lammkoteletts in eine flache Schale legen und mit der Marinade bestreichen. Das Ganze zugedeckt 1–2 Stunden im Kühlschrank zwischenlagern.

Die Hähnchenflügel unter fließendem kalten Wasser abspülen und trocken tupfen. Knoblauch abziehen, Ingwer schälen, beides in kleine Stücke schneiden. Mit Sojasauce, Ingwersauce, Essig und Zucker verrühren. Sesamöl unterschlagen. Mit Cayennepfeffer, Salz und Pfeffer verrühren. Die Hähnchenflügel mit der Marinade bestreichen, in eine flache Schale legen und zugedeckt 1–2 Stunden im Kühlschrank marinieren, dabei gelegentlich wenden.

Die Schweinerippchen unter fließendem kalten Wasser abspülen und trocken tupfen. Kaffee mit Ketchup, Zucker, Essig, Worcestersauce, Zitronenschale, -saft, Paprika, Salz und Pfeffer in einem kleinen Topf verrühren und zum Kochen bringen. Die Zutaten so lange kochen lassen, bis der Zucker aufgelöst ist. Schweinerippchen in eine Schale legen, mit der warmen Marinade übergießen und zugedeckt 1–2 Stunden im Kühlschrank marinieren, zwischendurch wenden. Den Backofengrill vorheizen. Die Hähnchenflügel auf den mit Alufolie belegten Rost legen. Den Rost unter den vorgeheizten Backofengrill schieben. Die Hähnchenflügel etwa 10 Minuten grillen, dabei zwischendurch wenden. Schweinerippchen von jeder Seite 8–10 Minuten, Koteletts von jeder Seite etwa 3 Minuten grillen.

Beilage: Fladenbrot oder frisches Baguette.

was zum grillen

PRO PORTION (LAMMKOTELETTS):
E: 15 g, F: 12 g, Kh: 0 g,
kJ: 717, kcal: 171, BE: 0,0

PRO PORTION (HÄHNCHENFLÜGEL):
E: 11 g, F: 12 g, Kh: 1 g,
kJ: 646, kcal: 154, BE: 0,0

PRO PORTION (SCHWEINERIPPCHEN):
E: 10 g, F: 5 g, Kh: 2 g,
kJ: 378, kcal: 90, BE: 0,0

Tipps: So bleibt der Backofen schön sauber: Das Grillgut in spezielle Grillschalen aus Alufolie legen. Falls das Grillgut tropft, wird überschüssige Marinade bzw. austretendes Fett in der Schale aufgefangen und läuft nicht auf den Backofenboden. Natürlich kann das Grillgut auch auf einem Holzkohle- oder Elektrogrill gegrillt werden.

ZUTATEN FÜR 4 PERSONEN
4 Schweine-Lummerkoteletts
(Kotelett mit Filetstück, je etwa 200 g)
1 TL Paprikapulver edelsüß
1 TL Paprikapulver rosenscharf
8–10 kleine Schalotten
2 EL Speiseöl
1–2 Stängel frischer Rosmarin
1 TL Butter
Salz
250 ml (¼ l) Bier
(restliches Bier kann man ja
selbst trinken)
frisch gemahlener Pfeffer
1 Prise Zucker

ZUBEREITUNGSZEIT:
15 Minuten

BRATZEIT:
7–8 Minuten

PRO PORTION:
E: 36 g, F: 15 g, Kh: 5 g,
kJ: 1338, kcal: 319, BE: 0,0

bierkotelett

das zischt

Die Koteletts unter fließendem kalten Wasser abspülen und trocken tupfen. Mit Paprika edelsüß und rosenscharf würzen. Schalotten abziehen. Speiseöl in einer großen Pfanne erhitzen. Die Koteletts darin von jeder Seite etwa 2 Minuten braten. Rosmarin abspülen und trocken schütteln, mit der Butter zu den Koteletts in die Pfanne geben und kurz mitdünsten lassen. Die Koteletts mit Salz würzen. Schalotten hinzufügen. Die angebratenen Koteletts mit Bier beträufeln und 1–2 Minuten braten lassen. Dann wieder mit Bier beträufeln und weitere 1–2 Minuten braten lassen. Die Koteletts auf diese Weise insgesamt 7–8 Minuten braten, bis das Bier aufgebraucht ist. Die Koteletts während der Bratzeit ab und zu wenden. Die Koteletts mit den Schalotten aus der Pfanne nehmen. Die Sauce mit Salz, Pfeffer und einer Prise Zucker abschmecken. Die Koteletts mit den Schalotten und der Sauce servieren.

Beilage: Petersilienkartoffeln und grüner Salat.

Tipp: Sie können die Koteletts auch mit Brot und Senf servieren.

Zwiebeln abziehen, halbieren und in Scheiben schneiden. Rindfleisch mit Küchenpapier trocken tupfen und in etwa 3 cm große Würfel schneiden. Die Hälfte der Margarine oder des Speiseöls in einem Topf erhitzen. Die Fleischwürfel darin von allen Seiten scharf anbraten. Restliche Margarine oder restliches Speiseöl mit den Zwiebelscheiben zu den Fleischwürfeln in den Topf geben und unter mehrmaligem Wenden mitbräunen lassen. Das Fleisch mit Salz, Pfeffer und Paprika würzen, Tomatenmark unterrühren. 250 ml (¼ l) heißes Wasser hinzugießen. Gulasch zum Kochen bringen und zugedeckt 1 ¼–1 ½ Stunden bei mittlerer Hitze garen. Sollte zuviel Flüssigkeit verdampfen, eventuell noch etwas Wasser hinzugeben. Um dem Gulasch den letzten Pfiff zu verleihen, ordentlich mit Salz, Pfeffer, Paprika und Tabascosauce abschmecken.

Beilage: Nudeln oder Reis und Tomaten-Zwiebel-Salat oder Gurkensalat.

Tipps: Anstelle von Salz, Pfeffer und Paprikapulver können Sie auch ein fertiges Gulaschgewürz verwenden. Raffinierter wird das Gulasch, wenn die Hälfte des Wassers durch Rotwein ersetzt wird. Anstelle von Rindfleisch können Sie auch mageres Schweinefleisch (Schmorzeit etwa 45 Minuten) oder halb Rind-, halb Schweinefleisch verwenden. Das Gulasch eignet sich auch hervorragend zum Einfrieren.

Abwandlung: Gulasch mit Champignons. Dafür 200 g Champignons putzen, mit Küchenpapier abreiben, eventuell abspülen, gut abtropfen lassen und in Scheiben schneiden. Etwa 10 Minuten vor Ende der Garzeit zu dem Gulasch geben. Oder 1 Glas Champignonscheiben (Abtropfgewicht 210 g) in einem Sieb abtropfen lassen und kurz vor Garzeit-Ende hinzufügen.

ZUTATEN FÜR 3–4 PERSONEN
500 g Zwiebeln
500 g schieres Rindfleisch
(ohne Knochen, z. B. aus der
Unterschale) oder geschnittenes
Gulaschfleisch
30 g Margarine oder 3 EL Speiseöl,
z. B. Sonnenblumenöl
Salz
frisch gemahlener Pfeffer
Paprikapulver edelsüß
2 schwach geh. EL Tomatenmark
etwa 250 ml (¼ l) heißes Wasser
1–2 Spritzer Tabascosauce

ZUBEREITUNGSZEIT:
20 Minuten

GARZEIT:
1 ¼–1 ½ Stunden

PRO PORTION:
E: 32 g, F: 12 g, Kh: 8 g,
kJ: 1167, kcal: 280, BE: 0,0

gulasch
essen wie bei muttern

ZUTATEN FÜR 3–4 PERSONEN
1 Brötchen (Semmel) vom Vortag
2 Zwiebeln
1–2 EL Speiseöl, z. B.
Sonnenblumenöl
600 g Gehacktes
(halb Rind-, halb Schweinefleisch)
1 Ei (Größe M)
Salz
frisch gemahlener Pfeffer
Paprikapulver edelsüß
40 g Butterschmalz oder
Margarine oder 5 EL Speiseöl,
z. B. Sonnenblumenöl

ZUBEREITUNGSZEIT:
35 Minuten, ohne Abkühlzeit

BRATZEIT:
etwa 10 Minuten

PRO PORTION:
E: 36 g, F: 40 g, Kh: 11 g,
kJ: 2275, kcal: 543, BE: 1,0

frikadellen
buletten – fleischpflanzl

Brötchen in kaltem Wasser einweichen. Zwiebeln abziehen und klein würfeln. Speiseöl in einer Pfanne erhitzen. Die Zwiebelwürfel darin unter Rühren 2–3 Minuten glasig dünsten, aus der Pfanne nehmen und auf einem Teller etwas abkühlen lassen. Das eingeweichte Brötchen gut ausdrücken und ordentlich mit dem Gehackten, den abgekühlten Zwiebelwürfeln und dem Ei vermengen. Mit Salz, Pfeffer und Paprika würzen. Aus der Hackfleischmasse mit echter Handarbeit (nasse Hände erleichtern die Arbeit) 8 Frikadellen formen. Butterschmalz oder Margarine oder Speiseöl in der Pfanne erhitzen. Die Frikadellen darin etwa 10 Minuten von beiden Seiten unter gelegentlichem Wenden bei mittlerer Hitze braun braten.

Tipps: Sie können zusätzlich 1–2 Esslöffel gehackte Petersilie mit den Zwiebelwürfeln andünsten oder 1 Teelöffel mittelscharfen Senf unter die Fleischmasse kneten. Die Frikadellen eignen sich auch hervorragend für einen spontanen Fußballabend mit den Jungs, denn sie können problemlos eingefroren werden.

Beilage: Kartoffelpüree und Möhren oder als Snack 'ne ordentliche Portion Senf und Brötchen.

ZUTATEN FÜR 4 PERSONEN
4 Kalbsschnitzel (je etwa 120 g,
aus der Oberschale) oder
8 kleine Schnitzel (je etwa 60 g)
Salz
frisch gemahlener Pfeffer
2 Eier (Größe M)
2 EL Schlagsahne
50 g Weizenmehl
150 g Semmelbrösel

200 g Butterschmalz oder
Margarine

4 Zitronenscheiben von
1 Bio-Zitrone
(unbehandelt, ungewachst)

ZUBEREITUNGSZEIT:
30 Minuten, ohne Abkühlzeit

PRO PORTION:
E: 30 g, F: 18 g, Kh: 24 g,
kJ: 1587, kcal: 378, BE: 2,0

wiener schnitzel

nie schmeckt schmäh besser

Die Schnitzel mit Küchenpapier trocken tupfen.
Die Schnitzel mithilfe von einem schweren Gerät
(Fleischklopfer oder Pfanne) dünner klopfen. Mit Salz
und Pfeffer würzen. Die Eier mit Sahne in einer
Schüssel verschlagen. Die Schnitzel kurz in Mehl
wenden, überschüssiges Mehl abklopfen, dann durch
die Eiersahne ziehen, am Schüsselrand etwas abstreifen
und zuletzt in Semmelbröseln wenden. Die Panade
etwas andrücken. Butterschmalz oder Margarine in einer
großen Pfanne gut erhitzen. Die Schnitzel darin eventuell portionsweise von beiden Seiten leicht schwimmend je nach Größe 2–3 Minuten braten. Die Schnitzel
herausnehmen und auf Küchenpapier abtropfen lassen.
Zitrone heiß abwaschen, abtrocknen und 4 gleich große
Scheiben abschneiden. Die Schnitzel mit den Zitronenscheiben anrichten.

Beilage: Bratkartoffeln oder Kartoffelsalat und grüner
Blattsalat.

ZUTATEN FÜR 2 PERSONEN
2 doppelte Rinderkoteletts,
mit Knochen (je etwa 400 g)
2–3 EL Olivenöl
Salz
frisch gestoßener oder
frisch gemahlener Pfeffer

5 Knoblauchzehen
3 Zweige Rosmarin

ZUBEREITUNGSZEIT:
20 Minuten, ohne Ruhezeit

GARZEIT:
13–15 Minuten

PRO PORTION:
E: 61 g, F: 34 g, Kh: 0 g,
kJ: 2294, kcal: 549, BE: 0,0

rinderkotelett

nur was für ganze kerle

Den Backofen vorheizen.
Ober-/Unterhitze: etwa 200 °C, Heißluft: etwa 180 °C
Die Koteletts unter fließendem kalten Wasser abspülen
und trocken tupfen. Den Fettrand jeweils 3–4-mal mit
einem frisch gewetzten Messer einschneiden. Olivenöl
möglichst in einer schweren, ofenfesten Pfanne erhitzen.
Die Koteletts darin 2–3 Minuten von beiden Seiten
goldbraun anbraten. Mit Salz und Pfeffer würzen. Knoblauchzehen hinzugeben (sie müssen nicht abgezogen,
sondern nur angedrückt werden). Rosmarin abspülen,
trocken schütteln und zu den Koteletts in die Pfanne
geben. Die Pfanne auf dem Rost in den vorgeheizten
Backofen schieben. Die Koteletts 13–15 Minuten garen.
Die Pfanne aus dem Backofen nehmen. Die Koteletts
herausnehmen, in Alufolie wickeln und 5–10 Minuten
ruhen lassen – so kann sich das Fleisch entspannen,
läuft beim Anschneiden nicht aus und bleibt schön
saftig und zart.

Tipps: Als Beilage einfach einige gekochte Kartoffeln
mit in die Pfanne geben und mitbacken lassen.
Eine ordentliche Portion Salat verleiht dem Kotelett
dann noch einen „gesunden" Charakter. Kräuterbutter
oder Limetten-Chili-Butter dazureichen. Wer keine
ofenfeste Pfanne besitzt, kann die angebratenen
Koteletts in eine Fettpfanne legen und in den vorgeheizten Backofen schieben.

gepiercte
lammhaxe
nie waren beine zarter

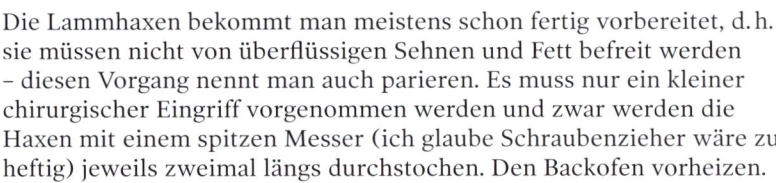

ZUTATEN FÜR 2 PERSONEN
2 Lammhaxen
2 kleine Zweige Rosmarin
1 Knoblauchzehe

2 kleine Zwiebeln
1 Knoblauchzehe
Salz
frisch gemahlener Pfeffer
2 EL Olivenöl
1 Zweig Thymian
400 ml Lammfond
(aus dem Glas)
100–150 ml Weißwein
50 g eiskalte Butter

ZUBEREITUNGSZEIT:
40 Minuten

GARZEIT:
etwa 1 ½ Stunden

PRO PORTION:
E: 42 g, F: 59 g, Kh: 1 g,
kJ: 3119, kcal: 745, BE: 0,0

Die Lammhaxen bekommt man meistens schon fertig vorbereitet, d.h. sie müssen nicht von überflüssigen Sehnen und Fett befreit werden – diesen Vorgang nennt man auch parieren. Es muss nur ein kleiner chirurgischer Eingriff vorgenommen werden und zwar werden die Haxen mit einem spitzen Messer (ich glaube Schraubenzieher wäre zu heftig) jeweils zweimal längs durchstochen. Den Backofen vorheizen.
Ober-/Unterhitze: etwa 160 °C, Heißluft: etwa 140 °C
Rosmarin abspülen und trocken schütteln. Knoblauch abziehen und vierteln. In die Löcher der Lammhaxen kommen dann die Rosmarin-zweige und Knoblauchstücke – die Haxen werden also gepierct. Zwiebeln und Knoblauch ungeschält grob zerkleinern. Die Haxen ordentlich mit Salz und Pfeffer würzen. Olivenöl in einem großen Bräter erhitzen. Die Lammhaxen darin rundherum anbraten. Zwiebel-, Knoblauchstücke und den abgespülten und trocken geschüttelten Thymianzweig hinzugeben und kurz mitbraten. Lammfond und Weißwein hinzugießen. Dann ab mit dem zugedeckten Bräter in den vorgeheizten Backofen. Die Lammhaxen etwa 1 ½ Stunden garen. Anschließend den Bräter aus dem Backofen nehmen. Die Haxen vorsichtig herausheben und zugedeckt warm stellen. Sie müssen jetzt so zart sein, dass sie fast vom Knochen fallen, also so richtig schmelzig zart. Die entstandene Sauce durch ein Sieb gießen (eventuell entfetten) und in einem Topf auf ⅓ einkochen lassen – die Sauce wird dann leicht sirupartig. Zum Schluss nochmals mit Salz und Pfeffer abschmecken. Die eiskalte Butter einmontieren (die Butter mit dem Schneebesen so lange verrühren, bis sie sich aufgelöst hat). Die Piercings vorsichtig aus den Haxen ziehen und mit der Sauce anrichten.

Tipp: Dazu ganz lecker: Kartoffelecken mit Rosmarin und Semmel-bröseln oder ein Kartoffel-Sellerie-Püree und Ratatouille (Seite 80).

Für das Kartoffel-Sellerie-Püree (Foto): 250 g Kartoffeln waschen, schälen, abspülen, abtropfen lassen. 1 kleine Sellerieknolle putzen, schälen, abspülen, abtropfen lassen. Kartoffeln und Sellerie in gleich große Würfel schneiden und zugedeckt in kochendem Salzwasser etwa 20 Minuten garen. 50 g Schlagsahne, 50 g Butter und 50 g Sauerrahm in einem Topf erwärmen. Die gegarten Kartoffel- und Selleriewürfel durch eine Kartoffelpresse drücken oder mit einem Kartoffelstampfer zerkleinern. Die Sahne-Rahm-Mischung hinzugeben und ordentlich mit einem kräftigen Schneebesen aufmischen. Mit Salz, Pfeffer und Muskatnuss abschmecken.

steaks

mit gegrillten Tomaten (im Foto links)

ZUTATEN FÜR 2 PERSONEN
2 Rumpsteaks (je etwa 200 g)
2 EL Distelöl
½ EL getrocknete Kräuter
der Provence
2 Tomaten (je etwa 100 g)
Salz
1 TL grüne Pfefferkörner
(gefriergetrocknet)

ZUBEREITUNGSZEIT:
30 Minuten,
ohne Durchziehzeit

GRILLZEIT:
etwa 14 Minuten

PRO PORTION:
E: 46 g, F: 13 g, Kh: 3 g,
kJ: 1337, kcal: 318, BE: 0,0

Rumpsteaks mit Küchenpapier trocken tupfen. Die Ränder der Steaks mit einem scharfen Gerät etwas einschneiden und mit Distelöl einreiben. Steaks in eine flache Schale legen und mit Kräutern der Provence bestreuen. Die Schale mit Frischhaltefolie zudecken. Die Steaks etwa 3 Stunden im Kühlschrank durchziehen lassen. Tomaten waschen, abtrocknen und an der oberen Seite (dort wo der Strunk wächst) kreuzweise einschneiden. Die Tomaten als nächstes mit dem entstandenen Kräuteröl der Steaks bestreichen. Die Steaks aus der Schale nehmen und auf den heißen Grillrost legen. Die Steaks von jeder Seite etwa 7 Minuten grillen. Zwischendurch immer wieder mit dem restlichen Kräuteröl bestreichen. Die Tomaten mit auf den Grillrost legen (am besten in eine Grillschale oder auf Alufolie legen) und etwa 8 Minuten grillen. Die Steaks von beiden Seiten mit Salz bestreuen. Tomaten ebenfalls leicht salzen. Pfefferkörner auf die Steaks streuen. Die Pfeffersteaks mit den gegrillten Tomaten anrichten.

Beilage: Ofenfrisches Baguette.

mit grüner pfeffersauce (im Foto vorne)

ZUTATEN FÜR 2 PERSONEN
2 Rinderfilet-Steaks
(möglichst aus der
Filetmitte, je 180 g–200 g)
Salz
frisch gemahlener Pfeffer
1 EL eingelegte, grüne
Pfefferkörner (in Lake)
3 EL Speiseöl, z. B.
Maiskeimöl
2 EL Weinbrand
150 g Crème fraîche

etwas glatte Petersilie

ZUBEREITUNGSZEIT:
15 Minuten

GARZEIT:
etwa 6 Minuten

PRO PORTION:
E: 42 g, F: 45 g, Kh: 3 g,
kJ: 2564, kcal: 615, BE: 0,5

Rinderfilet-Steaks mit Küchenpapier trocken tupfen. Steaks mit der Hand flach drücken. Mit Salz und Pfeffer würzen. Die grünen Pfefferkörner in einem kleinen Sieb unter kaltem Wasser abspülen und abtropfen lassen. Speiseöl in einer Pfanne erhitzen. Die Steaks darin von jeder Seite etwa 3 Minuten braten. Anschließend die Steaks aus der Pfanne nehmen, auf einen vorgewärmten Teller legen, mit einem zweiten vorgewärmten Teller zudecken und warm stellen. Den Bratensatz in der Pfanne mit Weinbrand ablöschen. Dafür Weinbrand in den Bratensatz rühren, aufkochen lassen und unter Rühren mit dem Schneebesen lösen. Crème fraîche unterrühren. Die Sauce ordentlich mit Salz und Pfeffer würzen. Den grünen, abgetropften Pfeffer hinzugeben. Die Pfeffersauce kurz erwärmen und auf den Steaks verteilen. Mit abgespülten und trocken getupften Petersilienzweigen garnieren.

Beilage: Gemischter Salat, geröstete Baguettescheiben oder Kartoffelgratin.

Für das *Kartoffelgratin* (1–2 Personen) den Backofen vorheizen. **Ober-/Unterhitze etwa 180 °C,** Heißluft etwa 160 °C. 1 Knoblauchzehe abziehen, durchschneiden und eine kleine, flache Auflaufform (gefettet) mit den Knoblauchhälften einreiben. 400 g festkochende Kartoffeln waschen, schälen, abspülen, abtropfen lassen und in dünne Scheiben schneiden. Die Kartoffelscheiben dachziegelartig schräg in der vorbereiteten Form aufeinanderschichten. Mit Salz, Pfeffer und Muskatnuss würzen. Je 75 ml (je 6–7 Esslöffel) Milch und Schlagsahne verrühren und auf den eingeschichteten Kartoffelscheiben verteilen. Das Ganze mit etwas geriebenem Parmesan-Käse bestreuen. Die Form auf dem Rost in den vorgeheizten Backofen schieben. Das Gratin etwa 45 Minuten goldbraun backen.

schweinebraten in bier

zart aber herzlich

ZUTATEN FÜR 4 PERSONEN
2–2,2 kg Schweinerollbraten
aus der Schulter
Salz
frisch gemahlener Pfeffer
3 EL Speiseöl, z. B.
Sonnenblumenöl
2 kleine Zwiebeln
2 Möhren
4 Knoblauchzehen
2 gestr. EL Weizenmehl
100 ml Apfel- oder ein
anderer Obstessig
1 Flasche (0,33 l) helles Bier
100 ml Geflügel- oder
Gemüsefond

4 EL mittelscharfer bis
scharfer Senf
2 EL Semmelbrösel
50 g kalte Butter

ZUBEREITUNGSZEIT:
45 Minuten

GARZEIT:
etwa 2 Stunden

ÜBERBACKZEIT:
10–15 Minuten

PRO PORTION:
E: 108 g, F: 76 g, Kh: 14 g,
kJ: 4992, kcal: 1194, BE: 1,0

Den Rollbraten mit Küchenpapier trocken tupfen, ordentlich mit Salz und Pfeffer würzen, dabei gut einmassieren. Speiseöl in einem Bräter erhitzen. Den Rollbraten darin etwa 5 Minuten rundherum anbraten. Er soll schön knackig braun sein. Den Rollbraten aus dem Bräter nehmen. Zwiebeln abziehen, zuerst in Scheiben schneiden, dann in Ringe teilen. Möhren putzen, schälen, abspülen, abtropfen lassen und in Würfel schneiden. Knoblauch abziehen. Den Backofen vorheizen.

Ober-/Unterhitze: etwa 160 °C, Heißluft: etwa 140 °C

Zwiebelringe, Möhrenwürfel und Knoblauch in dem verbliebenen Bratfett unter mehrmaligem Rühren bei mittlerer Hitze weich und braun anbraten. Mehl hinzugeben und mit einem Kochlöffel gut durchrühren, damit das Mehl das Gemüse bedeckt. Nochmals etwa 2 Minuten unter gelegentlichem Rühren weiterbraten. Mit Essig und Bier ablöschen. Dabei die angesetzten Röststoffe mit dem Kochlöffel vom Boden abkratzen. Die Zutaten aufkochen lassen und bei mittlerer Hitze auf die Hälfte einkochen lassen. Dann den Geflügel- oder Gemüsefond hinzugießen und wieder zum Kochen bringen. Den angebratenen Rollbraten (mit dem Saft, der aus dem Braten herausgelaufen ist) wieder in den Bräter legen. Den Bräter auf dem Rost in den vorgeheizten Backofen schieben. Den Rollbraten etwa 2 Stunden garen, dabei den Rollbraten zwischendurch wenden. Test, ob der Braten fertig ist: Mit der Fleischgabel hineinstechen und beim Herausziehen fällt das Fleisch leicht von der Gabel – ihn aus dem Bräter nehmen. Von dem Rollbraten das Netz bzw. Küchengarn entfernen. Den Rollbraten auf ein Backblech (gefettet) legen. Die Backofentemperatur um etwa 80 °C erhöhen (Ober-/Unterhitze etwa 240 °C, Heißluft etwa 220 °C). Den entstandenen Bratenfond durch ein Sieb in einen Topf gießen und etwa 15 Minuten leicht einkochen lassen. In der Zwischenzeit den Rollbraten gleichmäßig mit 2 Esslöffeln Senf bestreichen und mit Semmelbröseln bestreuen. Dabei die Semmelbrösel vorsichtig andrücken. Die Panade mit hauchdünn geschnittenen Butterscheiben belegen. Das Backblech in den vorgeheizten Backofen schieben. Die Panade 10–15 Minuten überbacken, bis eine feste, braune Kruste entstanden ist. Den restlichen Senf mit einem Schneebesen unter den leicht eingekochten Bratenfond rühren. Nochmals mit Salz und Pfeffer abschmecken. Den Rollbraten vom Backblech nehmen, in Scheiben schneiden, auf einer vorgewärmten Platte anrichten und mit der Sauce servieren.

Beilage: Leckeres Kartoffelpüree oder einfach nur Salzkartoffeln mit Butter und ordentlich Petersilie drauf und Kopfsalat mit Joghurtdressing.

Tipps: Und nicht vergessen: Vor, während und zum Essen das restliche Bier trinken!!! Gut schmeckt der Braten auch mit Malzbier.

coq au vanille

hoher blendfaktor

ZUTATEN FÜR 2–4 PERSONEN
1 Maishuhn (etwa 1,2 kg)
1 Zwiebel
2–3 Knoblauchzehen
1 Vanilleschote
1 EL Salz
frisch gemahlener Pfeffer
3 EL Speiseöl, z. B.
Sonnenblumenöl
1 gestr. EL Tomatenmark mit
Würzgemüse
200 ml Weißwein
etwa 400 ml Geflügel- oder
Gemüsebrühe (aus dem Glas)
150 g kleine, frische
Champignons
2 EL Butter
Salz
einige gehackte Kräuter, z. B.
glatte Petersilie, Schnittlauch

ZUBEREITUNGSZEIT:
25 Minuten

GARZEIT:
etwa 50 Minuten

PRO PORTION:
E: 70 g, F: 54 g, Kh: 5 g,
kJ: 3450, kcal: 824, BE: 0,0

Das Maishuhn von innen und außen unter fließendem kalten Wasser abspülen und trocken tupfen.
Das Maishuhn selbst mit einem Hackmesser in 8 gleich große Teile zerlegen oder vom Metzger vorab zerlegen lassen. Zwiebel und Knoblauch abziehen, klein würfeln. Vanilleschote der Länge nach halbieren. Das Mark mit einem Messerrücken herauskratzen und in einer kleinen Schüssel mit dem Salz gut vermischen. Die Hühnerteile ordentlich mit der Vanille-Salz-Mischung und Pfeffer einreiben. Speiseöl in einem Schmortopf oder Bräter (was eben zur Verfügung steht) erhitzen. Die Hühnerteile darin rundherum scharf anbraten. Zwiebel- und Knoblauchwürfel mit der grob zerhackten Vanilleschote zu den Hühnerteilen geben und 1–2 Minuten mitbraten lassen. Dann Tomatenmark hinzugeben und kurz mitbraten. Mit Weißwein ablöschen und zum Kochen bringen. Der Wein soll jetzt zur Hälfte einkochen, wobei die Hühnerteile hin und wieder gewendet werden können, damit sie gleichmäßiger garen. Anschließend die Brühe hinzugießen und zum Kochen bringen.
Die Hühnerteile zugedeckt etwa 50 Minuten bei schwacher Hitze garen. In der Zwischenzeit Champignons putzen, mit Küchenpapier abreiben, eventuell kurz abspülen und trocken tupfen. Kurz vor Ende der Garzeit die Butter in einer Pfanne zerlassen und aufschäumen lassen. Die Champignons darin 1–2 Minuten unter Wenden andünsten. Mit Salz und Pfeffer würzen.
Die Hühnerteile aus dem Schmortopf oder Bräter nehmen und mit den Champignons anrichten.
Oder Coq au Vanille in dem Schmortopf oder Bräter mit Kräutern bestreut servieren.

Tipp: Reis dazureichen.

ZUTATEN FÜR 3–4 PERSONEN
1–2 junge Hühnchen
Salz
1 Ei
2 EL Weizenmehl
50 g Semmelbrösel

1 l Speiseöl oder
1 ½ kg Pflanzenfett zum Frittieren

1 Bio-Zitrone
(unbehandelt, ungewachst)
einige Stängel Petersilie

ZUBEREITUNGSZEIT:
25 Minuten

PRO PORTION:
E: 70 g, F: 58 g, Kh: 14 g,
kJ: 3585, kcal: 857, BE: 1,0

backhühnchen

knusperteile aus der fritteuse

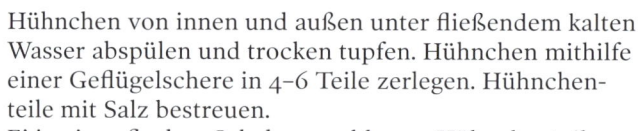

Hühnchen von innen und außen unter fließendem kalten Wasser abspülen und trocken tupfen. Hühnchen mithilfe einer Geflügelschere in 4–6 Teile zerlegen. Hühnchenteile mit Salz bestreuen.

Ei in einer flachen Schale verschlagen. Hühnchenteile zuerst in Mehl wenden, dann durch das verschlagene Ei ziehen, am Schalenrand abstreifen und zuletzt in Semmelbröseln wenden. Panade andrücken. Speiseöl oder Pflanzenfett in einem großen Topf oder in einer Fritteuse auf etwa 180 °C erhitzen. Die Hühnchenteile schwimmend in dem heißen Ausbackfett etwa 15 Minuten goldbraun backen. Die Hühnchenteile mit einem Schaumlöffel herausnehmen, auf Küchenpapier legen und abtropfen lassen. Zitrone heiß abwaschen, abtrocknen und in Spalten schneiden. Petersilie abspülen und trocken schütteln. Petersilie etwas zerkleinern. Gebackenes Hühnchen mit Zitronenspalten und Petersilie garniert servieren.

Beilage: Gurkensalat mit saurer Sahne und Dill zubereitet.

Tipps: Die Temperatur des Speiseöls oder Pflanzenfettes kann Mann prüfen, indem er einen Holzstab (Kochlöffel) in das Fett taucht. Steigen Bläschen am Stiel auf, ist das Fett heiß genug. Muss Mann ein wenig auf die Kalorien achten, einfach die Haut der Hühnchenteile nach dem Zerlegen abziehen.

salbeihähnchen

it's hot, man

ZUTATEN FÜR 3 PERSONEN
4 Hähnchenbrüste mit Haut
(500–600 g)
Schale und Saft von
2 Bio-Zitronen
(unbehandelt, ungewachst)
4–6 Chilischoten (je nach
gewünschter Schärfe)
12 Salbeiblättchen
6 EL Olivenöl
Salz
frisch gemahlener Pfeffer

evtl. einige Zitronenspalten
von 1 Bio-Zitrone
(unbehandelt, ungewachst)

ZUBEREITUNGSZEIT:
45 Minuten,
ohne Marinierzeit

GARZEIT:
mindestens 20 Minuten

PRO PORTION:
E: 37 g, F: 37 g, Kh: 4 g,
kJ: 2145, kcal: 513, BE: 0,0

Hähnchenbrüste von Fett und Sehnen befreien. Anschließend unter fließendem kalten Wasser abspülen, trocken tupfen und in eine flache Schale legen. Zitronen heiß abwaschen, abtrocknen und die Schale abreiben. Zitronen halbieren und jeweils den Saft auspressen. Chilischoten halbieren, entstielen und entkernen. Schotenhälften waschen, trocken tupfen und in sehr kleine Würfel schneiden. Salbeiblättchen abspülen, trocken schütteln und klein schneiden (etwas Salbei zum Garnieren beiseitelegen). Zitronensaft mit -schale, Chiliwürfeln und Salbei verrühren. 3 Esslöffel des Olivenöls unterschlagen. Die Marinade jeweils auf den Hähnchenbrüsten verteilen und im Kühlschrank 1–2 Stunden unter mehrmaligem Wenden marinieren. Den Backofen vorheizen.

Ober-/Unterhitze: etwa 95 °C, Heißluft: etwa 75 °C

Die Hähnchenbrüste aus der Marinade nehmen und etwas trocken tupfen. Restliches Olivenöl in einem Bräter oder einer ofenfesten Pfanne erhitzen. Hähnchenbrüste darin von allen Seiten goldgelb anbraten. Mit Salz und Pfeffer würzen. Die Marinade auf den angebratenen Hähnchenbrüsten verteilen. Den Bräter oder die Pfanne auf dem Rost in den vorgeheizten Backofen schieben. Die Hähnchenbrüste mindestens 20 Minuten garen (eine längere Garzeit macht hier das Fleisch noch zarter, ohne es auszutrocknen). Die Hähnchenbrüste aus dem Bräter oder der Pfanne nehmen und in Scheiben schneiden. Das Fleisch auf einen vorgewärmten Teller legen und mit dem Bratenfond aus dem Bräter oder der Pfanne anrichten. Mit dem beiseitegelegten Salbei und nach Belieben mit Zitronenspalten garnieren.

Beilage: Ofenfrisches Baguette, gebratene Kartoffeln oder Gnocchi.

Tipp: Zusätzlich ein knackiger Tomatensalat mit Oliven, den Mann während der Garzeit zubereitet, schmeckt sehr lecker zu dem Salbeihähnchen.

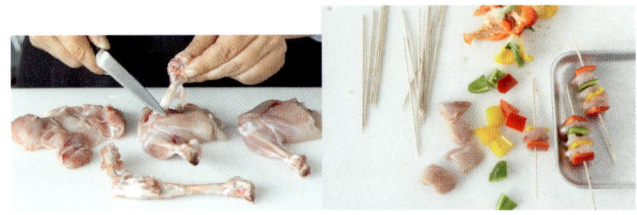

spitz und spießig

ZUTATEN FÜR 3 PERSONEN
3 Kaninchenkeulen
je 1 rote, grüne und
gelbe Paprikaschote
1–2 EL Olivenöl
Salz
frisch gemahlener Pfeffer

FÜR DIE CURRYMAYONNAISE:
1 kleines Glas Miracel Whip
1 EL Currypulver, indisch oder
Thai-Currypulver (sehr lecker,
aber scharf)
1 Msp. Cayennepfeffer
(kann man weglassen, wenn Mann
Thai-Currypulver verwendet)
2 EL flüssiger Honig

1 Zweig Thymian
1 Ciabatta oder 1 kleines Baguette
5–6 EL Olivenöl

AUSSERDEM:
9 Schaschlikspieße, Holzspieße
oder Bambusspieße

ZUBEREITUNGSZEIT:
25 Minuten

GARZEIT:
etwa 5 Minuten

PRO PORTION:
E: 39 g, F: 67 g, Kh: 69 g,
kJ: 4329, kcal: 1037, BE: 5,0

Kaninchenkeulen von den Knochen befreien (auslösen).
Das Fleisch unter fließendem kalten Wasser abspülen,
trocken tupfen und in walnussgroße Stücke schneiden.
Paprikaschoten halbieren, entstielen, entkernen und
die weißen Scheidewände entfernen. Schotenhälften
waschen, abtropfen lassen und ebenfalls in walnussgroße Stücke schneiden. Den Backofen vorheizen.
Ober-/Unterhitze: etwa 160 °C, Heißluft: etwa 140 °C
Fleisch- und Paprikawürfel abwechselnd auf die Spieße
stecken. Olivenöl in einer großen, ofenfesten Pfanne
erhitzen. Die Spieße darin eventuell in 2 Portionen rundherum 1–2 Minuten anbraten. Dabei mit Salz und Pfeffer
würzen. Die Pfanne auf dem Rost in den vorgeheizten
Backofen schieben. Die Spieße etwa 5 Minuten garen.
In der Zwischenzeit für die Currymayonnaise Miracel
Whip mit Curry, Cayennepfeffer und Honig verrühren.
Thymian abspülen und trocken schütteln. Die Blätter
von den Stielen zupfen.
Ciabatta oder Baguette in fingerdicke (naja, vielleicht so
dick wie der kleine Finger) Scheiben schneiden. Olivenöl
in einer Pfanne erhitzen. Thymianblätter hinzugeben.
Brotscheiben darin von beiden Seiten goldgelb braten.
Dabei die Brotscheiben mit etwas Salz bestreuen.
Kaninchen-Paprikaspieße mit den Brotscheiben auf
einer Platte anrichten. Currymayonnaise in einer
Dipschale oder mehreren Schalen anrichten und schon
kann die Schlemmerorgie losgehen.

Tipp: Die „light"-Version dieser Schlemmerorgie wäre,
die Mayonnaise gegen Crème fraîche auszutauschen
und ein paar abgespülte, trocken geschüttelte, knackige
Blätter Mini-Römersalat oder Salatkopfherzen dazu
servieren.

kaninchenspieße

spareribs

mal 'ne ordentliche mahlzeit

ZUTATEN FÜR 2 PERSONEN
1 Gemüsezwiebel
1 kleines Bund Suppengrün
(Möhre, Sellerie, Porree)
10 Pfefferkörner (lieber
etwas schärfer, einfach
2 abgespülte Chilischoten
mit in den Kochsud geben)
4 Lorbeerblätter
Salz
2 kg dünne Rippe (vom
Schwein)
400 ml Barbecue-Sauce

ZUBEREITUNGSZEIT:
30 Minuten

GARZEIT:
55–75 Minuten

PRO PORTION:
E: 88 g, F: 42 g, Kh: 48 g,
kJ: 3895, kcal: 925, BE: 4,0

Zwiebel abziehen und halbieren. Suppengrün putzen, eventuell schälen, waschen, abtropfen lassen und in grobe Stücke schneiden. Wasser in einen großen Topf geben. Zwiebelhälften, Suppengrün, Pfefferkörner, nach Belieben Chilischoten, Lorbeerblätter und etwas Salz hinzufügen, zum Kochen bringen. Schweinerippchen halbieren oder dritteln (je nach zur Verfügung stehendem Kochgeschirr), unter fließendem kalten Wasser abspülen, trocken tupfen und in das kochende Wasser geben. Darauf achten, dass die Rippchen vollständig mit Wasser bedeckt sind. Die Hitze reduzieren, die Rippchen 45–60 Minuten mit Deckel kochen lassen. Die Rippchen sind gar, wenn sich das Fleisch leicht vom Knochen löst. Den Backofen vorheizen.
Ober-/Unterhitze: etwa 220 °C, Heißluft: etwa 200 °C
Die Rippchen mit einer Schaumkelle aus der Brühe nehmen, abtropfen lassen und auf ein Backblech (mit Backpapier belegt) legen. Das Backblech in den vorgeheizten Backofen schieben. Die Rippchen in 10–15 Minuten knusprig und goldgelb backen. Die Rippchen vom Backblech nehmen, mit Barbecue-Sauce (s. u.) bestreichen und sofort servieren.

Beilage: Bratkartoffeln oder Kartoffelecken, oder ein knackiger Blattsalat mit Kidneybohnen, Mais und Perlzwiebeln.

Tipps: Für eine schnelle Barbecue-Sauce benötigt Mann: 1 Zwiebel, abgezogen und in kleine Würfel geschnitten, etwa 300 g guten Tomatenketchup, ½ Esslöffel Sambal Oelek, ½ Kaffeepott starken Espresso (kann natürlich auch löslicher sein) und eine Handvoll gehackte Petersilie. Alles in eine hohe Rührschüssel geben und mit dem Pürierstab kräftig durchmixen. Will Mann die Barbecue-Sauce auf Vorrat produzieren, die Zwiebelwürfel besser blanchieren/abkochen und dann erst verarbeiten.
Für die Kartoffelecken etwa 400 g Kartoffeln (sollten nicht zu groß sein) waschen, schälen, abspülen, abtropfen lassen. Kartoffeln der Länge nach vierteln und in einer Schüssel zusammen mit etwas Paprikapulver edelsüß, gut Salz, Olivenöl und Semmelbröseln vermischen (wer's mag, kann natürlich ein paar Rosmarinnadeln und angedrückte Knoblauchzehen hinzugeben). Kartoffelecken 20–25 Minuten vor den Spareribs in den vorgeheizten Backofen schieben und mit den Spareribs fertig garen. (Temperatur s. o.). Die Rippchen schon am Vortag kochen, im Kühlschrank aufbewahren und am nächsten Tag backen und bestreichen.

nicht fisch,

nicht fleisch

ZUTATEN FÜR 2 PERSONEN
1 kg frischer, weißer Spargel
(kann man auch mit gegartem
Spargel aus dem Glas
gratinieren)
Salzwasser
1 mittelgroße Tomate
50 g geriebener Gratin-Käse
25 g Semmelbrösel
2 EL Pesto (aus dem Glas)
2 EL Olivenöl

ZUBEREITUNGSZEIT:
10 Minuten

GRATINIERZEIT:
10–15 Minuten

PRO PORTION:
E: 15 g, F: 26 g, Kh: 17 g,
kJ: 1549, kcal: 367, BE: 1,0

gratinierter spargel
das gemüse von der stange

Spargel schälen. Den Schäler immer unterhalb des Kopfes ansetzen und dann rundherum schälen. Die holzigen Spargelenden abschneiden. Salzwasser in einem hohen Topf zum Kochen bringen. Die Spargelstangen hineingeben und in 10–13 Minuten bissfest kochen. Spargelstangen herausnehmen, abtropfen lassen und in eine längliche Auflaufform legen. Den Backofen vorheizen. **Ober-/Unterhitze: etwa 220 °C, Heißluft: etwa 200 °C** Tomate waschen, abtrocknen, halbieren, entkernen und den Stängelansatz herausschneiden. Tomatenhälften in Würfel schneiden. Gratin-Käse und Semmelbrösel vermischen. Die Spargelstangen mit Pesto bestreichen (nicht zu viel draufgeben, sonst schmeckt alles nur nach Pesto). Tomatenwürfeln darauf verteilen und mit der Käse-Semmelbrösel-Mischung bestreuen. Mit Olivenöl beträufeln. Die Form auf dem Rost in den vorgeheizten Backofen schieben. Den Spargel 10–15 Minuten gratinieren.

Tipp: Mit neuen Kartoffeln und knackigem Blattsalat servieren.

kartoffelschinkentortilla

das spanische bauernfrühstück

**ZUTATEN FÜR 8–10 PERSONEN
ALS SNACK**
1 kg festkochende Kartoffeln
2 TL Salz
200 g Kochschinken
200 g magerer, roher Schinken
8 Eier (Größe M)
Salz
frisch gemahlener Pfeffer
1–2 Knoblauchzehen
1 Bund glatte Petersilie
4 EL Speiseöl, z. B. Olivenöl
40 g Butter

ZUBEREITUNGSZEIT:
50 Minuten, ohne Abkühlzeit

BACKZEIT:
etwa 25 Minuten

PRO PORTION:
E: 17 g, F: 15 g, Kh: 16 g,
kJ: 1147, kcal: 274, BE: 1,0

Die Kartoffeln gründlich waschen, abtropfen lassen, mit Wasser bedeckt zum Kochen bringen, Salz zugeben und 20–25 Minuten kochen lassen. Die Kartoffeln abgießen, abdämpfen, etwas abkühlen lassen, pellen und in Scheiben schneiden. Kochschinken und den rohen Schinken in Würfel schneiden. Eier verschlagen, mit Salz und Pfeffer würzen. Knoblauch abziehen, in sehr kleine Würfel schneiden und unter die Eiermasse rühren. Petersilie abspülen und trocken schütteln. Die Blätter von den Stielen zupfen. Blätter grob zerkleinern. Den Backofen vorheizen.
Ober-/Unterhitze: etwa 180 °C, Heißluft: etwa 160 °C
Speiseöl in einer großen Pfanne erhitzen. Butter hinzufügen und zerlassen. Die Kartoffelscheiben darin unter mehrmaligem Wenden ordentlich braun braten. Schinkenwürfel hinzugeben und kurz mitbraten lassen. Mit Salz und Pfeffer würzen. Etwa die Hälfte der Petersilie unterrühren. Die Kartoffel-Schinken-Masse in eine große Auflaufform oder ein tiefes Backblech (Fettpfanne) geben. Die Eiermasse darauf verteilen. Die Auflaufform auf dem Rost oder die Fettpfanne in den vorgeheizten Backofen schieben. Die Kartoffel-Schinken-Masse etwa 25 Minuten stocken lassen. Die Tortilla vor dem Servieren mit der restlichen Petersilie bestreuen.

Tipps: Die Tortilla reicht für 4 Personen als Hauptgericht. Anstelle einer großen Tortilla können Sie auch 4 kleine Tortillas zubereiten. Dazu nacheinander in einer Pfanne (Ø etwa 20 cm) jeweils ¼ der vorbereiteten Zutaten anbraten, ¼ der Eiermasse hinzufügen und etwa 5 Minuten bei schwacher Hitze stocken lassen. Aufgrund der geringeren Menge ist ein Aufenthalt im Backofen nicht notwendig.

shepherd's pie

für schäferstündchen

Zutaten für 3 Personen
3 EL Speiseöl, z. B. Olivenöl
500 g Hackfleisch (halb Rind-/
halb Schweinefleisch)
1 Gemüsezwiebel
2 Knoblauchzehen
1 Fleischtomate
100 g Möhrenwürfel
200 ml Rotwein
1 kleine Dose
geschälte Tomaten
(Abtropfgewicht 240 g)
1 Pck. Kartoffelpüree
(Fertigprodukt für 3 Portionen)
Salz
frisch gemahlener Pfeffer
Paprikapulver edelsüß

1 Handvoll frisch gehackte
Kräuter

ZUBEREITUNGSZEIT:
30 Minuten

GARZEIT:
45–55 Minuten

PRO PORTION:
E: 38 g, F: 45 g, Kh: 33 g,
kJ: 3044, kcal: 727, BE: 2,0

Speiseöl in einer Pfanne erhitzen. Hackfleisch darin unter Rühren kräftig anbraten. Dabei die Fleischklümpchen mit einer Gabel zerdrücken. Zwiebel und Knoblauch abziehen. Zwiebel halbieren. Zwiebelhälften und Knoblauch in kleine Würfel schneiden, zu dem Hackfleisch geben und mit anbraten. Fleischtomate waschen, trocken tupfen, halbieren und den Stängelansatz herausschneiden. Tomatenhälften in Stücke schneiden, zusammen mit den Möhrenwürfeln zu dem Hackfleisch geben und unter gelegentlichem Rühren etwa 5 Minuten mitdünsten lassen. Rotwein und geschälte Tomaten mit der Flüssigkeit hinzugeben, zum Kochen bringen und 30–35 Minuten bei nicht zu starker Hitze einkochen lassen. Den Backofen vorheizen.

Ober-/Unterhitze: etwa 220 °C, Heißluft: etwa 200 °C
In der Zwischenzeit Kartoffelpüree nach Packungsanleitung zubereiten. Bolognesesauce mit Salz, Pfeffer und Paprika pikant würzen und in eine flache, feuerfeste Form füllen. Das noch warme Kartoffelpüree mit einem Löffel locker auf der Bolognesesauce verteilen. Die Form auf dem Rost in den vorgeheizten Backofen schieben. Shepherd's Pie 15–20 Minuten garen. Shepherd's Pie mit den frisch gehackten Kräutern bestreuen.

Tipps: Am saubersten lässt sich alles in die Auflaufform füllen, wenn die Bolognesesauce abgekühlt und fest geworden ist und Mann das noch warme Püree in einem Einwegspritzbeutel mit Sterntülle – ja, auch das Auge isst mit – in einem schönen Muster auf der Bolognesesauce aufspritzt.
Knackiger Friséesalat mit einer Kräuter-Vinaigrette bietet einen schönen Kontrast zu einem überaus süchtig machenden Gericht. Ist eventuell vom Vortag Chili con Carne übrig geblieben, kann Mann das natürlich auch verwenden.

thaicurry

weckt müde geister

ZUTATEN FÜR 2–4 PERSONEN
4 Hähnchenbrustfilets
(je etwa 140 g)
2 Möhren
1 Süßkartoffel
1 halbe Sellerieknolle
2 EL Speiseöl, z.B.
Maiskeimöl
2 EL rote Currypaste
(erhältlich im Asialaden)
1 große Dose Ananasstücke
(Abtropfgewicht 500 g)
1 Stängel Zitronengras
(erhältlich im Asialaden)
500 ml (½ l) Kokosmilch
500 ml (½ l) Hühner- oder
Gemüsebrühe
5 Limettenblätter
(erhältlich im Asialaden)
2 frische, rote Chilischoten
3–4 EL Fischsauce
(erhältlich im Asialaden)
1 kleines Bund Basilikum
Salz

ZUBEREITUNGSZEIT:
30 Minuten

GARZEIT:
25–30 Minuten

PRO PORTION:
E: 50 g, F: 38 g, Kh: 49 g,
kJ: 3117, kcal: 749, BE: 4,0

Hähnchenbrustfilets unter fließendem kalten Wasser abspülen, trocken tupfen und in dünne Streifen schneiden. Möhren, Süßkartoffel und Sellerie putzen, schälen, abspülen, abtropfen lassen und in kleine Würfel schneiden. Speiseöl in einem Topf erhitzen. Die Currypaste darin kurz andünsten. Fleischstreifen hinzugeben und kurz mitdünsten. Ananasstücke mit dem Saft hinzufügen. Gemüsewürfel unterrühren und erhitzen. Zitronengras mit einem Topf oder Hammer, wenn er noch von den letzten Reparaturarbeiten in der Küche liegt, auf der Arbeitsfläche plattieren. Aber nicht zu heftig draufschlagen, denn die Arbeitsfläche soll nachher noch für andere Tätigkeiten genutzt werden können. Zitronengras mit Kokosmilch, Brühe und abgespülten Limettenblättern zu der Fleisch-Gemüse-Masse in den Topf geben, alles zum Kochen bringen. Chilischoten abspülen, trocken tupfen, entstielen, in Ringe schneiden und ebenfalls in den Topf geben. Mit Fischsauce würzen. Thaicurry zum Kochen bringen und 25–30 Minuten bei schwacher Hitze kochen lassen. Basilikum abspülen, trocken schütteln. Die Blätter von den Stielen zupfen und 5 Minuten vor Ende der Garzeit ins Thaicurry geben. Nochmals mit Salz und Fischsauce abschmecken. Thaicurry in Suppenbowls verteilen und sofort servieren.

Beilage: Reis.

Variante: Gelbes Rindfleischcurry. Dafür 500 g fettfreies Rinderfilet oder Rumpsteak mit Küchenpapier trocken tupfen und in Streifen schneiden. 1 grüne Chilischote abspülen, trocken tupfen und schräg in Ringe schneiden. 100 g Bambussprossen (aus Dose oder Glas) abtropfen lassen. 1 kleines Bund Basilikum abspülen, trocken schütteln. Die Blätter von den Stielen zupfen. 400 ml Kokosmilch in einem Wok oder einer Pfanne erhitzen. 2 Teelöffel gelbe Currypaste und 2 Teelöffel Kurkuma (Gelbwurz) unterrühren. Das Fleisch, zwei Drittel der Basilikumblätter, Chiliringe, Bambussprossen und etwas Zucker hinzugeben, 8–10 Minuten kochen. Rindfleischcurry vor dem Servieren mit Fischsauce und Salz würzen. Mit restlichen Basilikumblättern bestreuen.

reibekuchen

kartoffelpuffer – reiberdatschi

ZUTATEN FÜR 2 PERSONEN
1 kg festkochende
Kartoffeln
1 Zwiebel
3 Eier (Größe M)
1 gestr. TL Salz
frisch gemahlener Pfeffer
40 g Weizenmehl
40 g Semmelbrösel
100 ml Speiseöl, z. B.
Rapsöl

ZUBEREITUNGSZEIT:
45 Minuten

PRO PORTION:
E: 23 g, F: 47 g, Kh: 90 g,
kJ: 3684, kcal: 879, BE: 7,5

Kartoffeln waschen, schälen, abspülen und abtropfen lassen. Zwiebel abziehen. Kartoffeln und Zwiebel auf der Küchenreibe grob reiben. Oder Kartoffeln und Zwiebel durch die Küchenmaschine mit Reibewerkzeug jagen. Die Kartoffelmasse in eine Schüssel geben. Eier, Salz, 3–4 Umdrehungen aus der Pfeffermühle (entspricht etwa 1 kleinen Prise), Mehl und Semmelbrösel hinzugeben. Die Zutaten gut verrühren. Etwas Speiseöl in einer Pfanne erhitzen. Den Teig portionsweise mit einer Saucenkelle oder einem Esslöffel in die Pfanne geben, sofort flach drücken und bei mittlerer Hitze von beiden Seiten braten, bis der Rand knusprig braun ist. Die fertigen Reibekuchen aus der Pfanne nehmen und auf Küchenpapier abtropfen lassen. Die Reibekuchen sofort servieren oder warm stellen. Den restlichen Teig auf die gleiche Weise verarbeiten.

Tipp: Die Reibekuchen werden knuspriger, wenn Mann die Hälfte des Mehls durch 2–3 Esslöffel Haferflocken ersetzt.
Beilage: Apfelkompott und Blattsalat mit einer Vinaigrette.

Variante 1: *Reibekuchen mit süßem Quark.* Dafür 250 g Speisequark (Magerstufe) mit 100 ml Milch oder 100 g Schlagsahne, 60 g Zucker, 1 Päckchen Dr. Oetker Bourbon-Vanille-Zucker und Saft von 2 Zitronen verrühren. Den süßen Quark mit Puderzucker bestäuben.

Variante 2: *Reibekuchen mit Schnippelschinken.* Dafür zusätzlich 50 g feine Schinkenstreifen (z. B. Parmaschinken) und 1–2 Teelöffel getrockneten, gerebelten Majoran unter den Teig mischen (am besten nimmt Mann natürlich frischen, gehackten Majoran, denn der Geschmacksunterschied ist gewaltig). Oder die Schinkenstreifen mit Crème fraîche oder Schmand (Sauerrahm) zu den Reibekuchen servieren.
Tipp: Schinkenscheiben übereinanderlegen, in Frischhaltefolie eingepackt in den Gefrierschrank legen. Nach 2–3 Stunden oder am nächsten Tag den Schinken wieder herausnehmen und der Länge nach in dünne Streifen schneiden. Schon ist der Schnippelschinken fertig.

Variante 3: *Reibekuchen mit Räucherlachs.* Dafür 200 g Schmand (Sauerrahm) mit 2–3 Teelöffeln Sahne-Meerrettich verrühren, eventuell 1 Esslöffel frisch gehackten Dill unterrühren. Mit 150 g Räucherlachs in Scheiben zu den Reibekuchen servieren. Mit einigen Dillspitzen garnieren.
Tipp: Die Räucherlachsscheiben kann Mann auch in dünne Streifen schneiden.

Variante 4: *Tomaten-Mozzarella-Puffer.* Dafür die fertig gebratenen Reibekuchen auf ein Backblech (mit Backpapier belegt) legen, mit 1–2 Tomatenscheiben und je 1 Scheibe Mozzarella belegen, mit Pfeffer bestreuen und im vorgeheizten Backofen bei **Ober-/Unterhitze etwa 220 °C, Heißluft etwa 200 °C 2–3 Minuten** überbacken, bis der Käse zerläuft. Mit Basilikumblättern oder etwas Pesto getoppt servieren.

ein ganz besonderer leckerbissen

Das komplette Gemüse waschen und abtrocknen. Die Tomate vierteln, entkernen und den Stängelansatz herausschneiden. Tomatenviertel nochmals quer oder längs halbieren. Paprikaschote mit einem Sparschäler grob schälen, vierteln, entkernen und die weißen Scheidewände entfernen. Schotenviertel in Größe der Tomatenstücke schneiden. Von der Zucchini die Enden abschneiden. Zucchini in etwa 5 mm dicke Scheiben schneiden. Von der Aubergine den Stängelansatz entfernen. Aubergine der Länge nach vierteln und in etwa 5 mm dicke Stücke schneiden. Rosmarin abspülen, trocken schütteln und einfach gegen den Strich abstrippen. Die vorbereiteten Tomatenstücke werden nicht angebraten – sie sollen durch das daraufgegebene, angebratene Gemüse nur etwas Hitze abbekommen – somit wandern sie als erstes in eine große Schüssel. Einen Esslöffel des Olivenöls in einer Pfanne erhitzen. Die Paprikastücke mit einer Knoblauchzehe darin etwa 1 Minute scharf anbraten. Mit Salz und Pfeffer würzen und mit einem Spritzer Essig ablöschen. Die Paprikastücke mit der Knoblauchzehe auf den Tomatenstücken in der Schüssel verteilen. Wieder einen Esslöffel des Olivenöls in der Pfanne erhitzen. Die Zucchinischeiben mit der restlichen Knoblauchzehe darin etwa 1 Minute scharf anbraten, mit Salz, Pfeffer und Balsamico-Essig würzen und auf die Paprikastücke geben. Restliches Olivenöl in der Pfanne erhitzen. Die Auberginenstücke darin 3–4 Minuten anbraten. Mit Salz, Pfeffer und Balsamico-Essig würzen, Rosmarinnadeln unterrühren. Die Auberginenstücke auf die Zucchinischeiben geben. Das angebratene, geschichtete Gemüse mit einem Kochlöffel oder etwas ähnlichem vermischen. Mit Salz, Pfeffer und Balsamico-Essig abschmecken. Ratatouille noch warm z. B. zur Lammhaxe (Rezept Seite 52) servieren.

Tipps: Ratatouille muss nicht heiß gegessen werden, sondern ist lauwarm oder kalt auch sehr köstlich. Zusätzlich kann Mann dem Ratatouille auch ein paar Basilikumblätter untermischen. Sollte etwas von dem Ratatouille übrig bleiben, einfach kalt stellen und bei nächster Gelegenheit/am nächsten Tag gut klein hacken und als Topping auf Crostinis geben. Rezeptmenge als Topping für 15–20 Crostinis. Oder, grob gehackt auf gerösteten Baguettescheiben mit etwas frisch geriebenem Parmesan-Käse, als kleiner Appetizer. Oder in flachen Portionsförmchen mit Schaf- oder Ziegenkäse überbacken.

**ZUTATEN FÜR
2–3 PERSONEN
ALS BEILAGE**
1 Tomate
1 gelbe Paprikaschote
1 Zucchini
1 kleine Aubergine
1 Zweig Rosmarin
4–5 EL Olivenöl

2 Knoblauchzehen, nicht geschält, nur angedrückt
Salz
frisch gemahlener Pfeffer
etwas Balsamico-Essig

ZUBEREITUNGSZEIT:
25 Minuten

PRO PORTION:
E: 4 g, F: 19 g, Kh: 10 g,
kJ: 937, kcal: 223, BE: 0,0

ratatouille

ZUTATEN FÜR 2–3 PERSONEN
5 l Wasser
5 gestr. TL Salz
500 g Spaghetti
3 Knoblauchzehen
1 kleines Bund Petersilie
60 ml Olivenöl
Salz
frisch gemahlener Pfeffer

1 ordentliche Handvoll frisch
geriebener Parmesan-Käse
(etwa 50 g pro Nase)

ZUBEREITUNGSZEIT:
10 Minuten

PRO PORTION:
E: 41 g, F: 47 g, Kh: 138 g,
kJ: 4779, kcal: 1141, BE: 11,5

spaghetti aglio olio
da kommt mann ins staunen

Wasser in einem großen Topf mit geschlossenem
Deckel zum Kochen bringen. Dann Salz und Spaghetti
hinzugeben. Die Spaghetti nach Packungsanleitung im
geöffneten Topf bei mittlerer Hitze kochen lassen, dabei
zwischendurch 4–5-mal umrühren. Anschließend die
Spaghetti in ein Sieb geben, mit heißem Wasser abspülen
und abtropfen lassen. Knoblauch abziehen und in dünne
Scheiben schneiden. Petersilie abspülen und trocken
schütteln. Die Blätter von den Stielen zupfen und
klein schneiden. Olivenöl in einer Pfanne erhitzen.
Die Knoblauchscheiben darin glasig bis hellbraun
dünsten. Spaghetti und Petersilie in das heiße Knobiöl
geben und ordentlich untermischen. Mit Salz und
Pfeffer würzen. Spaghetti aglio olio am besten in einer
vorgewärmten Schüssel oder in Tellern anrichten.
Mit Parmesan-Käse bestreuen. Eventuell ein beiseitegelegtes Petersilienblatt als Deko darauflegen und ab
geht die Post.

Tipp: Noch mehr geht die Post ab, wenn Mann beim
Andünsten zum Olivenöl eine getrocknete, rote Pfeffer-
schote (Peperoncino) hinzugibt (Foto). Aber Vorsicht
„it's hot, man"!

ZUTATEN FÜR 2 PERSONEN
300–400 g Hirschfleisch
2 Zwiebeln
2 Knoblauchzehen
1 Möhre
3 EL Olivenöl
3 EL Tomatenmark
300 ml Rotwein
1 Dose geschälte Tomaten
(Einwaage 800 g)
1 Zweig Rosmarin
evtl. 1 Lorbeerblatt
Salz
frisch gemahlener Pfeffer

ZUBEREITUNGSZEIT:
20 Minuten

GARZEIT:
etwa 75 Minuten

PRO PORTION:
E: 39 g, F: 21 g, Kh: 14 g,
kJ: 2038, kcal: 486, BE: 1,0

wildsugo
die jagdsaison ist eröffnet

Das Hirschfleisch mit Küchenpapier trocken tupfen und in etwa 1 cm große Würfel schneiden. Zwiebeln und Knoblauch abziehen. Möhre putzen, schälen, abspülen und abtropfen lassen. Zwiebeln, Knoblauch und Möhre mithilfe von einem scharfen Gerät klein würfeln. Olivenöl in einem Topf erhitzen. Die Fleischwürfel darin von allen Seiten bei mittlerer bis starker Hitze anbraten. Gemüsewürfel hinzugeben und mit anbraten. Tomatenmark unterrühren und etwa 1 Minute bei mittlerer Hitze mitbraten lassen. Mit Rotwein ablöschen, zum Kochen bringen und einkochen lassen. Geschälte Tomaten und den abgespülten, trocken geschüttelten Rosmarinzweig unterrühren. Wer möchte, kann auch ein Lorbeerblatt zum Sugo geben. Wildsugo zugedeckt etwa 75 Minuten bei mittlerer Hitze schmoren lassen, dabei hin und wieder umrühren. Mit Salz und Pfeffer abschmecken.

Tipp: Wildsugo mit Bandnudeln, frisch gehobeltem Parmesan-Käse und einem leckeren Rotwein servieren.

für unter

wegs

ZUTATEN FÜR 8 SANDWICHES
100 g knackiger Eisbergsalat
(Rucolasalat wäre auch toll)
4 Scheiben (etwa 50 g) Bacon
(Frühstücksspeck)
100 g Remoulade (aus der Tube)
4 Scheiben
Vollkorn-Sandwich-Toastbrot,
weil es saftiger ist
1 Tomate
4 Scheiben (etwa 50 g)
Putenbrustaufschnitt

AUSSERDEM:
8 Zahnstocher

ZUBEREITUNGSZEIT:
20 Minuten

PRO STÜCK:
E: 4 g, F: 9 g, Kh: 8 g,
kJ: 542, kcal: 130, BE: 0,5

club sandwich

kann mann sich immer einwerfen

Eisbergsalat oder Rucolasalat putzen, waschen, trocken schleudern und in feine Streifen schneiden. Den Rucolasalat einmal grob durchhacken. Bacon in einer Pfanne ohne Fett langsam knusprig braun braten. Nicht zu schnell, sonst bleibt nichts vom Bacon übrig. Remoulade mit dem Eisberg- oder Rucolasalat vermischen und auf die Toastbrotscheiben streichen. Tomate waschen, abtrocknen und den Stängelansatz herausschneiden. Tomate in Scheiben schneiden. Auf 2 Toastbrotscheiben zuerst die Tomatenscheiben, dann den Putenbrustaufschnitt und zuletzt die hoffentlich knusprigen Baconscheiben legen. Die restlichen Toastbrotscheiben mit der bestrichenen Seite auf die belegten Toastbrotscheiben legen und gut andrücken. Die Sandwiches zweimal diagonal durchschneiden, sodass jeweils 4 Dreiecke entstehen. Die Sandwiches mit den Zahnstochern fixieren.

Tipp: Dazu klassisch wie im Hilton: Pommes frites – einfach!!! Und ein schönes kühles Bier aus der Flasche.

nicht nur für milchbubis

ZUTATEN FÜR 12 STÜCK

600 g Weizenmehl
1 Pck. Dr. Oetker Backin
1 gestr. TL Salz
2 TL Zucker
80 g weiche Butter
2 Eier (Größe M)
300 ml Buttermilch
1 Eigelb

ZUBEREITUNGSZEIT:
10 Minuten

BACKZEIT:
etwa 30 Minuten

PRO STÜCK:
E: 7 g, F: 8 g, Kh: 38 g,
kJ: 1054, kcal: 252, BE: 3,0

Den Backofen vorheizen.
Ober-/Unterhitze: etwa 200 °C, Heißluft: etwa 180 °C
Mehl mit Backpulver, Salz und Zucker in einer Rühr-schüssel vermischen. Die Butter mit den Eiern und 250 ml (¼ l) der vorhandenen Buttermilch hinzugeben und mit Handrührgerät mit Knethaken zu einem glatten Teig verkneten. Den Teig aus der Schüssel nehmen, auf einer bemehlten Arbeitsfläche zu einer 2–3 cm dicken Rolle formen und in 12 gleich große Stücke teilen (zur Not hilft hier auch das gute alte Zentimetermaß oder der Zollstock). Die Teigstücke mit der Schnittfläche nach oben auf ein Backblech (mit Backpapier belegt) legen. Dabei dürfen die Teigstücke sich nicht berühren. Restliche Buttermilch mit dem Eigelb verschlagen, mit einem Pinsel auf die Teigstücke pinseln – so glänzen die Brötchen nach dem Backen schön – und dann das Backblech etwa 30 Minuten in den vorgeheizten Back-ofen schieben.

Tipps: Die Brötchen sind übrigens gar, wenn man an ihrer Unterseite klopft und sie sich hohl anhören. Um die Liebste am Sonntagmorgen zu überraschen, einfach ein paar Brötchen auf Vorrat backen, kurz abkühlen lassen und einfrieren. Die eingefrorenen Brötchen dann vor dem Frühstück in den kalten Back-ofen schieben und bei **Ober-/Unterhitze: etwa 180 °C, Heißluft: etwa 160 °C 8–10 Minuten** aufbacken.

buttermilchbrötchen

ZUTATEN FÜR 2 PERSONEN
5 Gambas, ohne Kopf und Schale
oder TK-Gambas
1 EL frische Korianderblätter
5 Eier
4 EL Schlagsahne oder
Crème fraîche
Salz
frisch gemahlener Pfeffer
30 g Butter
einige Korianderblätter

ZUBEREITUNGSZEIT:
10 Minuten

PRO PORTION:
E: 31 g, F: 40 g, Kh: 3 g,
kJ: 2065, kcal: 494, BE: 0,5

rührei mit gambas

das is' zum wegfliegen

Die Gambas kurz unter fließendem kalten Wasser
abspülen und in einem Sieb abtropfen lassen. Gambas
halbieren und entdarmen (TK-Gambas nach Packungsanleitung auftauen lassen, abspülen und abtropfen
lassen). Korianderblätter abspülen, trocken tupfen und
klein schneiden. Eier mit Sahne oder Crème fraîche und
Koriander in eine Schüssel geben und mit einem Schneebesen verschlagen. Ordentlich salzen und pfeffern.
Die Gambas hinzugeben. Die Butter in einer Pfanne
erhitzen. Die Eiersahne-Gambas-Mischung bei mittlerer
Hitze unter gelegentlichem Rühren so lange braten,
bis die Masse zu stocken beginnt. Rührei auf Tellern
mit abgespülten und trocken geschüttelten Koriander-
blättern anrichten.

Tipp: Rührei mit oder auch in noch warmen Brötchen
servieren. Die dürfen natürlich auch vom Bäcker sein.

ZUTATEN FÜR 2 PERSONEN
1 Ciabatta oder 1 kleines Baguette
1 Rumpsteak (etwa 300 g)
3–4 EL Olivenöl
2 Zweige Rosmarin
Salz
frisch gemahlener Pfeffer
Saft von 1 Zitrone
2 EL Dijonsenf
etwas Rucola

ZUBEREITUNG:
15 Minuten

PRO PORTION:
E: 48 g, F: 18 g, Kh: 67 g,
kJ: 2620, kcal: 621, BE: 5,5

mal eben auf die schnelle

Den Backofen vorheizen.
Ober-/Unterhitze: etwa 100 °C, Heißluft: etwa 80 °C
Ciabatta oder Baguette im vorgeheizten Backofen etwa
10 Minuten erwärmen. In der Zwischenzeit das Rumpsteak mit Küchenpapier trocken tupfen und waagerecht
durchschneiden. Die Fleischscheiben mithilfe eines
Fleischklopfers (ist dieser nicht vorhanden, lassen
sich auch Topf oder Pfanne umfunktionieren) so lange
bearbeiten, bis die Scheiben etwa 1 cm dick sind.
Die plattierten Fleischscheiben mit etwa 1 Esslöffel des
Olivenöls einreiben. Rosmarin abspülen und trocken
schütteln. Die Nadeln von den Stängeln zupfen.
Die Fleischscheiben mit den Rosmarinnadeln bestreuen
und kräftig mit Salz und Pfeffer würzen. Etwa 1 Esslöffel
des restlichen Olivenöls in einer Pfanne erhitzen.
Die Fleischscheiben darin etwa 1 Minute von jeder
Seite braten, bis das Fleisch innen noch leicht rosa ist
(die Garzeit kann je nach Geschmack verkürzt bzw.
verlängert werden). Die Fleischscheiben aus der Pfanne
nehmen, mit etwas Zitronensaft beträufeln und einen
kurzen Moment ruhen lassen. In der Zwischenzeit das
erwärmte Ciabatta oder Baguette waagerecht auf-
schneiden. Die Brotscheiben von einer Seite mit dem
restlichen Olivenöl und Senf bestreichen. Rucola putzen,
waschen, trocken tupfen und auf den Brotscheiben
verteilen. Die Steaks darauflegen und mit dem
entstandenen Bratensaft beträufeln.

steaksandwich

ZUTATEN FÜR 2 PERSONEN
1 Möhre
3–4 Radieschen
2–3 Blätter Eisbergsalat
½ Bund Rucola
4 Scheiben Bacon
(Frühstücksspeck)
2 EL Olivenöl
2 Eier
Salz
2 Brötchen
40 g Butter
frisch gemahlener Pfeffer

ZUBEREITUNGSZEIT:
20 Minuten

PRO PORTION:
E: 19 g, F: 36 g, Kh: 34 g,
kJ: 2231, kcal: 533, BE: 2,5

bauarbeiterbrötchen

schmeckt nicht nur auf dem bau

Möhre putzen, schälen, abspülen, abtropfen lassen und raspeln. Radieschen putzen, waschen, abtropfen lassen und in Scheiben schneiden. Eisbergsalatblätter putzen und in dünne Streifen schneiden. Salatstreifen waschen und gut abtropfen lassen. Rucola putzen und die harten Stiele entfernen. Rucola waschen und gut abtropfen lassen. Eine Pfanne ohne Fett erhitzen. Die Baconscheiben darin knusprig braten, herausnehmen und beiseitelegen. Olivenöl in der Pfanne erhitzen. Die Eier aufschlagen und nebeneinander in die Pfanne gleiten lassen. Eiweiß mit Salz bestreuen. Die Spiegeleier etwa 4 Minuten bei mittlerer Hitze braten, bis die Ränder knusprig braun sind. Spiegeleier wenden und weitere etwa 2 Minuten braten. Brötchen durchschneiden. Brötchenhälften jeweils mit Butter bestreichen. Auf den unteren Brötchenhälften Eisbergsalatstreifen verteilen. Die gebratenen Eier und Baconscheiben daraufgeben. Mit Möhrenraspeln, Radieschenscheiben und Rucola bestreuen. Mit Pfeffer würzen. Zum Schluss die oberen Brötchenhälften wieder auflegen und andrücken.

currywurst de luxe

feintuning mal anders

ZUTATEN FÜR 2 PERSONEN
4 TK-Riesengarnelen
1 Frühlingszwiebel
1 kleine, rote Chilischote
1 EL Speiseöl, z. B.
Sonnenblumenöl
4 Rostbratwürste
300 ml Currysauce
Currypulver zum Bestäuben

ZUBEREITUNGSZEIT:
20 Minuten, ohne Auftauzeit

PRO PORTION:
E: 51 g, F: 96 g, Kh: 27 g,
kJ: 4912, kcal: 1175, BE: 2,0

Garnelen nach Packungsanleitung auftauen lassen. Frühlingszwiebel putzen, waschen, abtropfen lassen und in Scheiben schneiden. Chilischote abspülen, trocken tupfen und in Ringe schneiden. Speiseöl in einem Wok oder einer Pfanne erhitzen. Die Bratwürste darin von beiden Seiten bei mittlerer bis starker Hitze anbraten. Aufgetaute Garnelen schälen, am Rücken entlang einschneiden und den Darm entfernen (wenn's mal schneller gehen muss, tun es auch die fertig vorbereiteten Garnelen). Garnelen unter fließendem kalten Wasser abspülen und trocken tupfen. Garnelen, Frühlingszwiebelscheiben und Chiliringe zu den Bratwürsten geben und unter Wenden kurz mitbraten lassen.
Die Hitze reduzieren und Currysauce hinzugießen. Die Currywurst de Luxe je nach Anlass entweder in Portionsschalen oder für den rustikalen Männerabend auf einer Platte anrichten oder direkt aus der Pfanne essen. Mit Curry bestäuben.

Tipps: Statt Riesengarnelen Shrimps oder Flusskrebsschwänze verwenden. Ein paar ordentliche Baguettescheiben sollten nicht fehlen, um die Pfanne zum Schluss richtig auszuputzen.

bratkartoffeln +

mann, sind die lecker

**ZUTATEN FÜR
1–2 PERSONEN**
400 g gekochte Kartoffeln
(möglichst vom Vortag)
100 g frische Champignons
½ Bund Schnittlauch
20 g Butter oder Margarine
1 EL Speiseöl, z.B. Rapsöl
1 Glas Cocktailwürstchen
(Abtropfgewicht 180 g)
Salz
frisch gemahlener Pfeffer
gerebelter Majoran
frischer oder getrockneter
Kümmelsamen

ZUBEREITUNG:
30 Minuten

PRO PORTION:
E: 23 g, F: 41 g, Kh: 39 g,
kJ: 2615, kcal: 629, BE: 3,0

Gekochte Kartoffeln in Scheiben schneiden. Champignons putzen und die Stielenden sowie schlechte Stellen entfernen. Den Champignons mithilfe von Küchenpapier eine ordentliche Abreibung erteilen (eventuell abspülen, dann aber gut abtropfen lassen). Champignons in Scheiben schneiden. Schnittlauch abspülen, trocken schütteln und in Röllchen schneiden. Butter oder Margarine und Speiseöl in einer Pfanne erhitzen. Kartoffel- und Champignonscheiben hinzufügen und unter mehrmaligem Wenden bei mittlerer Hitze hellbraun anbraten. Cocktailwürstchen abtropfen lassen, zu den angebratenen Kartoffel- und Champignonscheiben geben und unter mehrmaligem Wenden mitbraten lassen. Die Bratkartoffelpfanne mit Salz, Pfeffer, Majoran und Kümmel würzen. Mit Schnittlauchröllchen bestreut servieren.

Dazu passen: *Frische, gemischte Salate mit Vinaigrette* angemacht, z.B. Feldsalat. Dafür 100 g Feldsalat putzen und die Wurzelenden so abschneiden, dass die Blattrosetten noch zusammenhalten. Schlechte Blätter entfernen.
Den Salat gründlich waschen und trocken schleudern. Für die Marinade 1 Esslöffel Balsamico-Essig mit etwas Salz, Pfeffer und 1 Prise Zucker verrühren. 1 ½ –2 Esslöffel Oliven- oder Walnussöl unterschlagen. Den Salat kurz vor dem Servieren mit der Marinade übergießen und untermengen. Nach Belieben etwa 4 Walnusskernhälften hacken und auf den Salat streuen.

Tipps: Statt der Cocktailwürstchen kann auch in Streifen geschnittene Fleischwurst verwendet werden, diese dann nur noch miterwärmen. Sind keine frischen Champignons vorhanden, tun es auch die einfachen Champignonscheiben aus der Dose oder aus dem Glas.

crostini

schnittchen auf italienisch

ZUTATEN FÜR 24 STÜCK

Für die Geflügellebercreme:
1 kleine Knoblauchzehe
1 kleine Zwiebel
2 EL Olivenöl
2 EL Butter
300 g Geflügelleber
1 EL abgetropfte Kapern
1 EL Tomatenmark
100 ml Weißwein
Salz
frisch gemahlener Pfeffer
1 EL fein gehackte Petersilie

FÜR DIE TOMATENCREME:
2 große Fleischtomaten
2 Knoblauchzehen
2 EL Olivenöl
½ Bund Basilikum

FÜR DIE OLIVENCREME:
3 Knoblauchzehen
300 g entsteinte, schwarze Oliven
5 Sardellenfilets
2 EL abgetropfte Kapern
4 EL Olivenöl
frisch gemahlener Pfeffer
24 kleine Scheiben weißes,
geröstetes Landbrot

NACH BELIEBEN:
Kräuterschinken oder Speck

ZUBEREITUNGSZEIT:
60 Minuten

**DURCHSCHNITTLICH
PRO STÜCK:**
E: 5 g, F: 10 g, Kh: 16 g,
kJ: 768, kcal: 183, BE: 1,5

Für die Geflügellebercreme Knoblauch und Zwiebel abziehen, in kleine Würfel schneiden. Olivenöl in einer Pfanne erhitzen. Die Butter hinzugeben und zerlassen. Knoblauch- und Zwiebelwürfel darin andünsten. Geflügelleber unter fließendem kalten Wasser abspülen, trocken tupfen, klein schneiden und zu den Zwiebel- und Knoblauchwürfeln in die Pfanne geben. Kapern hacken, mit dem Tomatenmark zu der Geflügelleber geben. Das Ganze unter mehrmaligem Wenden etwa 5 Minuten garen. Wein hinzugießen, zum Kochen bringen und unter Rühren bei mittlerer Hitze einkochen lassen. Mit Salz und Pfeffer würzen. Petersilie unterrühren. Die Geflügellebercreme erkalten lassen.
Für die Tomatencreme Tomaten waschen, kreuzweise einschneiden, kurz in kochendes Wasser legen und in kaltem Wasser abschrecken. Tomaten enthäuten, halbieren, entkernen und die Stängelansätze heraus- schneiden. Tomatenhälften in Würfel schneiden und in eine Schüssel geben. Knoblauch abziehen, durch eine Knoblauchpresse drücken und zu den Tomatenwürfeln geben. Olivenöl daraufträufeln und vorsichtig unter- mischen. Basilikum abspülen und trocken schütteln. Die Blätter von den Stängeln zupfen, klein schneiden und untermengen. Mit Salz und Pfeffer würzen.
Für die Olivencreme Knoblauch abziehen. Knoblauch, Oliven, Sardellenfilets, Kapern und Olivenöl in einen hohen Rührbecher geben und pürieren. Mit ordentlich Pfeffer abschmecken. Jeweils 8 Brotscheiben mit je einer Creme bestreichen. Nach Belieben die mit Olivencreme bestrichenen Brotscheiben mit ganz dünn geschnittenem Kräuterschinken oder Speck belegen.

jetzt ein

dessert

heidelbeermuffins
entdecke deine süße seite

ZUTATEN FÜR 12 MUFFINS
250 g frische oder
200 g TK-Heidelbeeren

Für den All-in-Teig:
300 g Weizenmehl
3 gestr. TL Dr. Oetker Backin
150 g Zucker
1 Pck. Dr. Oetker
Bourbon-Vanille-Zucker
1 Prise Salz
1 Ei (Größe M)
250 ml (¼ l) Milch
4 EL (etwa 50 ml)
geschmacksneutrales
Speiseöl, z. B. Rapsöl

AUSSERDEM:
12 Papierbackförmchen

ZUBEREITUNGSZEIT:
30 Minuten

BACKZEIT:
etwa 30 Minuten

PRO STÜCK:
E: 4 g, F: 6 g, Kh: 33 g,
kJ: 849, kcal: 203, BE: 3,0

Den Backofen vorheizen.
Ober-/Unterhitze: etwa 180 °C, Heißluft: etwa 160 °C
Frische Heidelbeeren verlesen, waschen, sehr gut abtropfen lassen und mit Küchenpapier trocken tupfen. Wer es lieber einfach mag, kann natürlich auch auf TK-Heidelbeeren zurückgreifen. Für den Teig Mehl mit Backpulver in eine Rührschüssel geben und wie im Betonrührer mischen. Zucker, Vanille-Zucker, Salz, Ei, Milch und Speiseöl hinzufügen. Die Zutaten mit Handrührgerät mit Knethaken zunächst kurz auf niedrigster, dann auf höchster Stufe in etwa 2 Minuten zu einem glatten Teig verarbeiten. Heidelbeeren (TK-Heidelbeeren unaufgetaut) vorsichtig mit einem Teigschaber unterheben (nicht zu stark rühren, die Früchte färben sonst den Teig lila). Den Teig in eine Muffinform (für 12 Muffins, mit Papierbackförmchen ausgelegt) füllen. Die Form auf dem Rost in den vorgeheizten Backofen schieben. Die Muffins etwa 30 Minuten backen. Die Form auf einen Kuchenrost stellen. Die Muffins etwa 10 Minuten in der Form stehen lassen, dann aus den Förmchen lösen (evtl. vorsichtig mithilfe eines Messers herausheben) und auf einem Kuchenrost erkalten lassen.

Variante: *Himbeer- oder Johannisbeermuffins.*
Statt Heidelbeeren Himbeeren oder Johannisbeeren (frisch oder TK) verwenden und zusätzlich maximal 100 g gehackte Mandeln oder Nusskerne hinzufügen.

rote grütze

die geht immer

ZUTATEN FÜR 6 PERSONEN
250 g Brombeeren
250 g Johannisbeeren
250 g Himbeeren
250 g Erdbeeren
35 g Speisestärke
100–150 g Zucker, je nach
Geschmack
500 ml (½ l) Fruchtsaft, z. B.
Sauerkirsch- oder Johannis-
beersaft

evtl. Bourbon-Vanille-Sauce
(Fertigprodukt aus dem Kühlregal) oder Vanilleeis

ZUBEREITUNGSZEIT:
20 Minuten, ohne Kühlzeit

**PRO PORTION
(ROTE GRÜTZE):**
E: 2 g, F: 1 g, Kh: 43 g,
kJ: 871, kcal: 208, BE: 3,5

Brombeeren verlesen, eventuell vorsichtig waschen und gut abtropfen lassen. Johannisbeeren waschen und gut abtropfen lassen. Die Beeren eventuell mit einer Gabel von den Stielen streifen. Himbeeren verlesen, nicht waschen. Erdbeeren waschen, gut abtropfen lassen, entstielen und je nach Größe der Früchte halbieren oder vierteln. Speisestärke mit Zucker in einer kleinen Schale mischen, mit 4 Esslöffeln des Saftes anrühren. Restlichen Saft in einem Topf zum Kochen bringen. Angerührte Speisestärke in den von der Kochstelle genommenen Saft rühren und dann unter Rühren aufkochen lassen. Den Topf von der Kochstelle nehmen. Die vorbereiteten Beeren unterrühren. Die Rote Grütze in eine Glasschale oder in Dessertschälchen füllen und kalt stellen. Rote Grütze mit Vanille-Sauce oder Vanilleeis anrichten und sofort servieren.

Tipps: Die Rote Grütze mit steif geschlagener Schlagsahne oder als süße Mahlzeit für 4 Portionen mit Milch servieren. Sie eignet sich gut als Party-Dessert.
Mann kann die Grütze auch mit TK-Beeren zubereiten. Die gefrorenen Früchte dann in den heißen, angedickten Saft rühren.

Abwandlung: Für eine *Grüne Grütze* 500 g Stachelbeeren waschen, gut abtropfen lassen. Blüten- und Stängelansätze entfernen. 250 g Kiwis schälen, halbieren und in Stücke schneiden. 250 g kernlose, grüne Weintrauben waschen, abtropfen lassen und entstielen. Große Weintrauben halbieren. 20 g Speisestärke mit 150 g Zucker mischen. Von 375 ml (³⁄₈ l) hellem Traubensaft 4 Esslöffel abnehmen und mit der Stärke-Zucker-Mischung anrühren. Restlichen Saft zum Kochen bringen. Angerührte Speisestärke unterrühren und unter Rühren aufkochen lassen. Stachelbeeren und Weintrauben unterrühren, einmal kurz aufkochen lassen. Den Topf von der Kochstelle nehmen. Kiwis unterrühren. Die Grütze in eine Schale füllen und kalt stellen.

ZUTATEN FÜR 2 PERSONEN
250 g frische oder
TK-Erdbeeren
150 g Mascarpone
(italienischer Frischkäse)
4 EL Eierlikör
1 geh. EL Puderzucker

etwas Grünes zum Garnieren
(zur Not aus Nachbars Garten,
z. B. Minze, Melisse)

ZUBEREITUNGSZEIT:
5 Minuten

PRO PORTION:
E: 5 g, F: 34 g, Kh: 24 g,
kJ: 1896, kcal: 452, BE: 2,0

erdbeeren mit eierlikör

großer auftritt für die faulen

Die Erdbeeren putzen, waschen, gut abtropfen lassen und entstielen. Erdbeeren halbieren und in 2 Schalen verteilen. TK-Erdbeeren rechtzeitig aus dem Gefrierschrank nehmen und einfach in den Schalen auftauen lassen. Mascarpone, Eierlikör und Puderzucker in einer Schüssel mit einem Schneebesen glatt rühren. Jeweils einen ordentlichen Löffel der Eierlikörcreme auf die Erdbeeren geben und mit etwas Grünem (z. B. Minze, Melisse, gehackte Pistazienkerne) garnieren.

Tipps: Schmeckt auch mit frischen Blaubeeren, Himbeeren oder Brombeeren oder auch TK-Beeren. Und wer auf seine Linie bzw. seinen Bauch achten muss, kann Mascarpone auch durch Hüttenkäse ersetzen.

kirschmichel

süßer klassiker für harte jungs

ZUTATEN FÜR 2 PERSONEN
1 Glas Sauerkirschen
(Schattenmorellen,
Abtropfgewicht 370 g)
2 Brötchen
(Milchbrötchen oder
Croissants) vom Vortag
125 ml (⅛ l) Milch
125 g Zucker
3 Eier (Größe M)
2 EL Butter
Schale von ½ Bio-Zitrone
(unbehandelt, ungewachst)
oder ⅓ Pck. Dr. Oetker
Finesse Geriebene
Zitroneschale
1 Prise Salz
50 g gehobelte Mandeln

Puderzucker oder Zucker

AUSSERDEM:
Butter für die Form

ZUBEREITUNGSZEIT:
15 Minuten

BACKZEIT:
etwa 40 Minuten

PRO PORTION:
E: 22 g, F: 51 g, Kh: 114 g,
kJ: 4242, kcal: 1013, BE: 9,5

Die Kirschen in einem Sieb gut abtropfen lassen. Brötchen in dünne Scheiben schneiden, in eine Schüssel legen und mit Milch übergießen. Die Kirschen mit der Hälfte des Zuckers mischen. Den Backofen vorheizen. **Ober-/Unterhitze: etwa 200 °C, Heißluft: etwa 180 °C** Die Eier trennen. Eigelb mit 1 Esslöffel Butter und restlichem Zucker schaumig schlagen. Die eingeweichten Brötchenscheiben mit der Milch und der Zitronenschale unterrühren, bis die eingeweichten Brötchenscheiben zerfallen sind. Eiweiß mit 1 Prise Salz steif schlagen und vorsichtig mit den Kirschen unter die Brötchen-Eier-Masse heben. Die Masse in eine Auflaufform (mit Butter gefettet) geben. Die restliche Butter in kleinen Stücken darauf verteilen und mit Mandeln bestreuen. Die Form auf dem Rost in den vorgeheizten Backofen schieben. Den Auflauf etwa 40 Minuten backen. Kirschmichel noch warm mit Puderzucker bestäuben oder mit Zucker bestreuen. Sofort servieren.

Tipp: Der Auflauf schmeckt auch mit Pflaumen, Apfelstücken oder Aprikosen.

**ZUTATEN FÜR 4 PERSONEN
ALS DESSERT**
4 Äpfel, z. B. Boskop
12 Dominosteine
40–50 g Butter

etwas Puderzucker
250 ml (¼ l) Bourbon-Vanille-
Sauce (aus dem Kühlregal)

ZUBEREITUNGSZEIT:
5 Minuten

BACKZEIT:
40–45 Minuten

PRO PORTION:
E: 4 g, F: 17 g, Kh: 48 g,
kJ: 1522, kcal: 363, BE: 4,0

gestopfter bratapfel

echtes wintervergnügen

Den Backofen vorheizen.
Ober-/Unterhitze: etwa 140 °C, Heißluft: etwa 120 °C
Äpfel unter fließendem kalten Wasser abwaschen und
mit einem Geschirrtuch abtrocknen. Kerngehäuse mit
einem Apfelausstecher entfernen. Die Äpfel einmal
rundherum mit einem spitzen Messer einritzen, damit
sie beim Backen nicht aufplatzen. Dominosteine in die
Äpfel stopfen (ruhig ordentlich vollstopfen). Die Äpfel
in eine Auflaufform (gefettet) setzen. Jeden Apfel mit
einem kleinen Stück Butter versehen. Die Auflaufform
auf dem Rost in den vorgeheizten Backofen schieben.
Die Äpfel 40–45 Minuten backen. Die gestopften Bratäpfel mit etwas Puderzucker bestäuben und mit der
Vanille-Sauce servieren.

Tipp: Die Bratäpfel zusätzlich mit Preiselbeerkonfitüre
und Krokant oder gerösteten, gehobelten Mandeln
toppen.

**ZUTATEN FÜR 2–4 PERSO-
NEN, JE NACH DURST UND
LAUNE**
1 l Hefeweißbier
½ Flasche trockener Sekt,
den Rest kann man zum
Sektfrühstück trinken
100 ml Pfirsichlikör
(Qualität zahlt sich aus)

ZUBEREITUNGSZEIT:
3 Minuten

PRO PORTION:
E: 1 g, F: 0 g, Kh: 24 g,
kJ: 1353, kcal: 324, BE: 2,0

weizen de luxe

biercocktail zum einheizen

Hefeweißbier, etwa 300 ml Sekt und Pfirsichlikör
verrühren. Wichtig: alles gut gekühlt!! Nicht zu wüst
rühren, sonst ist gleich die ganze Kohlensäure futsch.
Den Biertrunk kurz vor dem Verzehr in hohe Gläser
füllen und noch einmal mit einem Schuss Sekt
aufspritzen.

Tipp: Kann Mann vorbereiten, da der Biertrunk seine
Frische durchs Aufspritzen mit Sekt wieder bekommt.
Aber Vorsicht, macht süchtig!!! Den Pfirsichlikör kann
man auch durch Cassis-Likör ersetzen. Klasse Farbe!

nnen alles

brot das braucht man immer

Das Mehl am besten vorwärmen, z. B. auf der Heizung, im vorgewärmten Backofen oder 1 Minute im Atomofen (Mikrowelle), wenn zur Hand. Wasser, grob zerbröselte Hefe, Ei, Salz, Zucker und Olivenöl in eine Rührschüssel geben und mit einem Löffel gut verrühren. Vorgewärmtes Mehl hinzugeben und mit Handrührgerät mit Knethaken oder Küchenmaschine mit Knethaken zu einem glatten Teig verarbeiten. Der Teig muss dann so lange gehen, bis er fast aus der Rührschüssel „herausgeht", so 25–35 Minuten. Je nachdem wie warm das Mehl und Wasser war. So, und jetzt den Teig auf keinen Fall kneten, sondern einfach auf eine mehr als gut bemehlte Arbeitsfläche schütten. Den Teig obendrauf auch gut bemehlen und dann mit einem Spachtel oder Teigschaber die gewünschte Form ausstechen (z. B. 2 lange Baguettes). Die Teigbrote auf ein Backblech (mit Backpapier belegt) verfrachten und ab damit in den Backofen. Der Backofen muss aber nicht vorgeheizt sein.

**Ober-/Unterhitze: etwa 220 °C, Heißluft: etwa 200 °C,
Backzeit: etwa 35 Minuten.**

Um festzustellen, ob das Brot nach Ablauf der Backzeit fertig ist, dreht Mann es einfach um und klopft von unten an. Hört es sich „hohl" an, ist es fertig, hat es noch keinen Sound, kann es noch 5–8 Minuten weiterbacken. Die fertigen Brote vom Backblech nehmen und auf einem Kuchenrost etwas abkühlen lassen. Dann kann Mann das Wunderwerk probieren.

Varianten: Den Brotteig auf ein Backblech (mit Backpapier belegt) schütten und mit gespreizten Fingern Vertiefungen in die Oberfläche drücken. Meersalz und frische Rosmarinnadeln daraufstreuen und mit Olivenöl beträufeln. Das wäre dann eine *Foccacia oder Fladenbrot* – einfach.
Zwiebelbrot: Einfach eine ordentliche Handvoll geröstete Hot-Dog-Zwiebeln mit unter den Teig mischen.
Spargelzeit: Weißen oder grünen Spargel schälen und die unteren Enden abschneiden. Spargel abspülen, abtropfen lassen, grob klein schneiden und kurz vor Ende der Teigknetzeit zum Teig geben.
Kürbiszeit: Eine Handvoll gewürfeltes Kürbisfleisch, Kürbiskerne und anstelle des Olivenöls Kürbiskernöl zum Teig geben und daraus ein ovales Brot formen.
Italienzeit: Eine Handvoll Olivenringe, getrocknete Tomaten und gewürfelten Schafkäse kurz vor Ende der Teigknetzeit mit unter den Teig arbeiten.
Dosenbrot: Aus dem Teig kleine Bälle formen und in gut ausgewaschene, gefettete und bemehlte Konservendosen füllen. Die Dosen sollten etwa zu zwei Drittel mit dem Teig ausgefüllt sein. Rosmarinzweig abspülen, abtrocknen, jeweils in den Teig stecken und backen. Kommt als Mitbringsel auf jeder Party oder Grillfest gut an!!!
Die Brote (Varianten) bei gleicher Backofentemperatur und Backzeit wie oben angegeben fertig backen.

Tipp: Bevor Mann morgens zur Maloche geht, das Mehl auf die Fensterbank in die Sonne stellen oder im Winter auf die Heizung legen.

**ZUTATEN
FÜR DAS GRUNDREZEPT:**
500 g Weizenmehl
290 ml warmes Wasser
1 Würfel Hefe (42 g)
1 Ei (Größe M)
1 EL Salz
½ EL Zucker
1 Schnapsglas (etwa 3 cl)
Olivenöl

ZUBEREITUNGSZEIT:
10 Minuten

BACKZEIT:
etwa 35 Minuten,
ohne Teiggehzeit

INSGESAMT:
E: 65 g, F: 42 g, Kh: 377 g,
kJ: 9060, kcal: 2166, BE: 31,5

handwerkszeug

waage
- beim Kochen eher überflüssig
- das Backen ohne Waage ist wie freihändig Fahrrad fahren, also meistens „gelingnotwendig"

messbecher
- es gibt Messbecher, mit denen kann man alles abmessen (Flüssigkeiten, Mehl, Zucker usw.)

schneidbrett
- aus Holz eine sichere und dekorative Arbeitsunterlage, die Mann nicht im Schrank verstecken muss

vierkantreibe
- vierfache Anwendungsmöglichkeit
- frisch geriebener Parmesan-Käse oder Zitronenschale schmecken aromatischer, als die aus dem Päckchen
- es geht nichts über frisch geriebene Kartoffeln, die zu knusprigen Reibekuchen verarbeitet werden

schneebesen
- einer reicht, elastisch muss er sein und gut in der Hand liegen soll er
- mit einem Stück eiskalter Butter verfeinert er jede Sauce
- schlägt Sahne luftig cremig und Eier locker schaumig

pinzette
- verhindert, dass Mann ins Fleisch sticht und somit die Saftigkeit verloren geht
- entwickelt sich schnell zum Lieblingswerkzeug in der Küche und am Grill

pürierstab
- kriegt alles klein und kann wahre Wunder vollbringen

pfeffermühle
- der Geschmack von frisch gemahlenem Pfeffer und gemahlenem Pfeffer aus der Tüte ist ein Unterschied wie Tag und Nacht

schäler
- macht das Leben in der Küche leichter, Mann kommt beim Vorbereiten und Putzen des Gemüses schneller ans Ziel

messer
- 2–3 gute (nicht zu günstige Messer) können das ganze Leben lang schneiden
- 1 kleines Windmühlenmesser (das mit dem Holzgriff und der Klinge, die fast aussieht wie eine Sichel) für Kleinstarbeiten wie Zwiebel schälen
- 1 mittelgroßes Küchenmesser mit dünner, langer Klinge zum Fleisch bearbeiten und Gemüse schneiden
- 1 Hackmesser mit dicker, hoher Klinge, z. B. zum Kräuter hacken und Scheiben schneiden (da kommen die Finger am Griff beim Schneiden nicht aufs Brett)

dosenöffner
- unverzichtbar, Mann bedenke wie oft Mann Schältomaten aus der Dose verkocht

korkenzieher
- die Flasche Bier bekommt Mann mit Zollstock, Schraubenzieher oder Zange auf, aber eine gute Flasche Wein will mit einem guten Korkenzieher geöffnet werden

siebe
- Mann gehe hin und besorge sich ein „Hausfrauensieb" zum Passieren und einen Durchschlag aus Plastik für eventuelle Gerichte mit frischem Blattsalat oder Pasta

pfanne, töpfe, klein und groß
- das Starterset des schwedischen Möbelhändlers für € 9,99 tut's für den Anfang, die Schrauben an den Griffen hin und wieder anziehen und nach einiger Zeit die Pfanne gegen eine neue Bratpfanne austauschen
- 2 der 3 Töpfe sind sogar induktionsgeeignet

kochlöffel
- schont die Beschichtung in der Pfanne und das Gargut durch seine sanften Kanten beim Umrühren

schüsseln
- in allen Größen, hat man nie genug
- darin wird angerührt, verrührt, gemixt, zerkleinert, püriert, zubereitet, angerichtet

zutaten

bacon
- im Ganzen oder in Scheiben, einfach im Gefrierschrank oder -fach aufbewahren und je nach Bedarf portionsweise entnehmen oder abschneiden

dosentomaten
- die reifsten und schmackhaftesten Tomaten sind leider schon eingedost

eier
- zu jeder Tageszeit ein Hit (als Frühstücks- oder Rührei, als Flan, in der Creme Caramell als Dessert, als treibende Kraft in Kuchen und Omelett, gebraten als Spiegelei beim Bauarbeiterbrötchen)

essig
- das „i-Tüpfelchen" in jeder Salatsauce
- Essig prägt wesentlich den Geschmack von Marinaden, Salatsaucen und Dips

gekörnte brühe
- Mann sagt zu ihr nicht umsonst „Maria Hilf"

getrocknete pasta
- einfach, schnell, lecker

honig
- alternatives Süßungsmittel nicht nur aufs Brot zu verwenden
- auch als Abrundung in einer Vinaigrette

kartoffeln
- trotz kleiner Erscheinung wahre Verwandlungskünstler

ketchup
- hätte wohl jeder gern erfunden, deshalb in jedem Haushalt vorhanden
- Abwandlung zur exotischen Currysauce und feuriger BBQ-Sauce möglich

kräuter und gewürze
- geben allen Gerichten das gewisse Etwas an Geschmack

und Aroma und tragen somit zum Vergnügen am Essen bei
- frische Kräuter von der Fensterbank zum Garnieren der Speisen verwenden
- Gewürze erst unmittelbar vor der Verwendung zerkleinern, z.B. in Pfeffermühle, mit Muskatreibe oder Mörser, damit die Geschmacks- und Aromastoffe erhalten bleiben

öl
- ohne Öl geht gar nichts

pesto
- hilft einem schnell mal aus der Klemme, Mann kann schnell leckere Pastagerichte mit ihm zubereiten
- verrührt mit Hüttenkäse und etwas Olivenöl ergibt es einen vegetarischen Dip oder Brotaufstrich

senf
- für jeden Geschmack und Anlass den passenden Senf (süß, scharf, herb, zum Verfeinern, mit Semmelbröseln zum Überbacken, zum Grillen)

zitrone
- keine Frucht ist vielfältiger einsetzbar: Kochen, Backen, Mixen und sogar zum Reinigen

zwiebeln/schalotten/knoblauch
- Grundlage vieler Gerichte und unverzichtbar

hinweise zu den rezepten
Mann lese vor der Zubereitung – besser noch vor dem Einkauf – das Rezept einmal vollständig durch. So werden Arbeitsabläufe oder -zusammenhänge klarer. In jedem Rezept ist die Anzahl der Portionen angegeben.

zutatenliste
Die Zutaten sind in der Reihenfolge angegeben in der Mann sie verwendet.

arbeitsschritte
Die Arbeitsschritte sind einzeln hervorgehoben, in der Reihenfolge, in der sie von uns ausprobiert wurden.

backofeneinstellung
Die in den Rezepten angegebenen Gartemperaturen und -zeiten sind Werte, die je nach individueller Hitzeleistung des Backofens über- oder unterschritten werden können. Die Temperaturangaben beziehen sich auf Elektrobacköfen. Mann beachte bei der Einstellung des Backofens die Gebrauchsanleitung des Herstellers.

zubereitungs- und garzeiten
Die Zubereitungszeit ist ein Anhaltswert für die Zeit der Vorbereitung und die eigentliche Zubereitung. Sie variiert je nach Geschick und Übung.
Die Garzeiten sind, in der Regel, gesondert ausgewiesen. Längere Wartezeiten, z.B. Kühl- und Auftauzeiten, sind nicht einbezogen.

abkürzungen

EL	=	Esslöffel
TL	=	Teelöffel
Msp.	=	Messerspitze
Pck.	=	Packung/Päckchen
g	=	Gramm
kg	=	Kilogramm
ml	=	Milliliter
l	=	Liter
Min.	=	Minuten
Std.	=	Stunden
evtl.	=	eventuell
geh.	=	gehäuft
gestr.	=	gestrichen
TK	=	Tiefkühlprodukt
°C	=	Grad Celsius
Ø	=	Durchmesser

kalorien-/nährwertangaben

E	=	Eiweiß
F	=	Fett
Kh	=	Kohlenhydrate
kJ	=	Kilojoule
kcal	=	Kilokalorien
BE	=	Broteinheit

124

kapitelregister

heiß und suppig

schnelle erbsensuppe   8
kartoffelsuppe   10
butternut soup   12
tomatenkokossuppe   14
erbseneintopf   16
bohnensuppe   16
zwiebelsuppe   18
tomatenfenchelsuppe   20
fenchelzitronensuppe   20
chili con carne   22

salate

bohnensalat   24
wurstsalat   26

fisch

fisch caprese   30
fisch in der hülle   32
pfefferlachs   34
muscheln   36

fleisch

was zum grillen   40
bierkotelett   42
gulasch   44
gulasch mit champignons   44
frikadellen   46
wiener schnitzel   48
rinderkotelett   50
gepiercte lammhaxe   52
kartoffelselleriepüree   52
steaks mit gegrillten tomaten   54
steaks mit grüner pfeffersauce   54
schweinebraten in bier   56
coq au vanille   58
backhühnchen   60
salbeihähnchen   62
kaninchenspieße   64
spareribs   66
schnelle barbecuesauce   66

nicht fisch, nicht fleisch

gratinierter spargel   70
kartoffelschinkentortilla   72
shepherd's pie   74
thaicurry   76
gelbes rindfleischcurry   76
reibekuchen   78
reibekuchen mit süßem quark   78
reibekuchen mit schnippelschinken   78
reibekuchen mit räucherlachs   78
tomatenmozzarellapuffer   78
ratatouille   80
spaghetti aglio olio   82
wildsugo   84

snacks

club sandwich   88
buttermilchbrötchen   90
rührei mit gambas   92
steaksandwich   94
bauarbeiterbrötchen   96
currywurst de luxe   98
bratkartoffeln+   100
crostini   102

süßes

heidelbeermuffins   106
himbeer- oder johannisbeermuffins   106
rote grütze   108
grüne grütze   108
erdbeeren mit eierlikör   110
kirschmichel   112
gestopfter bratapfel   114
weizen de luxe   116

basics

brot   120
handwerkszeug   122
zutaten   124

Verlagsgruppe Random House FSC® N001967
Das für dieses Buch verwendete
FSC®-zertifizierte Papier *Hello Fat Matt*
liefert Condat, Le Lardin Saint-Lazare, Frankreich.

5. Auflage

Hinweis   Wenn Sie Anregungen, Vorschläge oder Fragen zu
unseren Büchern haben, dann schreiben Sie uns:
Dr. Oetker Verlag KG, Am Bach 11, 33602 Bielefeld
oder besuchen Sie uns im Internet unter
www.oetker-verlag.de oder www.oetker.de

Copyright   © 2010 by Dr. Oetker Verlag KG, Bielefeld

Taschenbucherstausgabe 12/2010

Genehmigte Lizenzausgabe für den Wilhelm Heyne Verlag,
München, in der Verlagsgruppe Random House GmbH.
www.heyne.de
Printed in Germany 2013

Redaktion   Carola Reich, Annette Riesenberg

Rezeptfotos   Janne Peters, Hamburg

Aufmacherfotos   Corbis (6–7, 68–69, 86–87, 104–105)
Getty Images (38–39, 118–119)
Gary John Norman (28–29)

Foodstyling   Michaela Pfeiffer, Hamburg

Rezeptentwicklung
und -beratung   Olaf Brummel, Bielefeld

Nährwertberechnungen   Nutri Service, Hennef

Grafisches Konzept   BCW Gesellschaft für Kommunikation mbH, Hamburg
Umschlaggestaltung   kontur:design GmbH, Bielefeld
Satz und Gestaltung   M·D·H Haselhorst, Bielefeld
Reproduktionen   Repro Ludwig, Zell am See, Österreich

Druck und Bindung   Offizin Andersen Nexö, Leipzig

Nachdruck, auch auszugsweise, nur mit unserer ausdrücklichen
Genehmigung und mit Quellenangabe gestattet.

ISBN: 978-3-453-85571-7

alphabetisches register

b

backhühnchen 60
barbecuesauce, schnelle 66
bauarbeiterbrötchen 96
bierkotelett 42
bohnensalat 24
bohnensuppe 16
bratapfel, gestopfter 114
bratkartoffeln+ 100
brot 120
buttermilchbrötchen 90
butternut soup 12

c/e

chili con carne 22
club sandwich 88
coq au vanille 58
crostini 102
currywurst de luxe 98
erbseneintopf 16
erbsensuppe, schnelle 8
erdbeeren mit eierlikör 110

f

fenchelzitronensuppe 20
fisch caprese 30
fisch in der hülle 32
frikadellen 46

g/h

gelbes rindfleischcurry 76
gepiercte lammhaxe 52
gestopfter bratapfel 114
gratinierter spargel 70
grüne grütze 108
grütze, rote 108
gulasch 44
gulasch mit champignons 44
hähnchenflügel 40
handwerkszeug 122
heidelbeermuffins 106
himbeer- oder johannisbeermuffins 106

k

kaninchenspieße 64
kartoffelecken 66
kartoffelgratin 54
kartoffelschinkentortilla 72
kartoffelselleriepüree 52

kartoffelsuppe 10
kirschmichel 112

l

lammhaxe, gepiercte 52
lammkoteletts 40

m/p/r

muscheln 36
pfefferlachs 34
ratatouille 80
reibekuchen 78
reibekuchen mit räucherlachs 78
reibekuchen mit schnippelschinken 78
reibekuchen mit süßem quark 78
rinderkotelett 50
rindfleischcurry, gelbes 76
rote grütze 108
rührei mit gambas 92

s

salbeihähnchen 62
schnelle barbecuesauce 66
schnelle erbsensuppe 8
schnitzel, wiener 48
schweinebraten in bier 56
schweinerippchen 40
shepherd's pie 74
spaghetti aglio olio 82
spareribs 66
spargel, gratinierter 70
steaks mit gegrillten tomaten 54
steaks mit grüner pfeffersauce 54
steaksandwich 94

t

thaicurry 76
tomatenfenchelsuppe 20
tomatenkokossuppe 14
tomatenmozzarellapuffer 78

w/z

was zum grillen 40
weizen de luxe 116
wiener schnitzel 48
wildsugo 84
wurstsalat 26
zwiebelsuppe 18
zutaten 124